物流・ロジスティクスの視点からの
リスクマネジメント

鈴木　邦成 著

EIKO-SHA

はじめに

　「リスクマネジメント」の担う役割は、近年、ますます大きくなってきている。企業活動のなかで、企画や営業、生産などのさまざまな領域でいかにリスクを把握し、どのように回避していくか、またリスクが現実化した場合にはどのように対応するべきかということが大きな課題となっている。

　ただし、リスクマネジメントについて書かれている文献やテキストは多く、初歩的なレベルでの概論についてはこれまですでに十分に出版されているといっても過言ではない。

　そこで本書では物流・ロジスティクス・サプライチェーン領域の視点からいかにリスクを管理し、万が一の事態の発生に至ってはいかに対応するべきかを物流に高い関心を抱く経営工学系、経営・商学系の学部学生向きに著した。

　本書の構成は大学での講義を前提に 15 章にまとめてある。第 1 章「災害 SCM/ ロジスティクスへの対応」ではリスクマネジメントの視点から BCP（事業継続計画）と物流・ロジスティクスについて解説している。天災・災害のリスクについて物流・ロジスティクスの観点からいかに対応すべきかを解説している。

　第 2 章「物流センターにおける情報セキュリティとリスクマネジメント」では情報セキュリティの視点から物流センターにおける情報の漏洩・流出、改ざんなどのリスクとその回避に係わる方針について解説している。

　第 3 章「グローバルロジスティクスにおけるリスクマネジメント」、第 4 章「グローバルサプライチェーンセキュリティの構築」ではグローバルロジスティクス / サプライチェーンの視点からのモノの流れのリスクとセキュリティについて解説している。

　そのうえで第 5 章「貨物輸送プロセスにおけるリスク」から第 14 章「日米欧のトラック運送業界の課題解決の方向性」で物流におけるリスクマネジメントの詳細を多面的、多角的な視点から解説している。そして第 15 章「ビジネスモデル事例研究：安全・安心の視点からの水環境」ではビジネスモデル事例として水環境ビジネスの展開について紹介している。

　講義などを通して本書から物流・ロジスティクスの視点からリスクマネジメントの応用的な視点を身につけていただければ筆者にとっての望外の喜びといえよう。

鈴　木　邦　成

目　次

第1章

災害SCM／ロジスティクスへの対応

★ 災害 SCM の構築 ➜➜➜➜➜➜

　災害リスクの軽減を図るためには図1-1の示すように被災～避難～復旧～防災にいたる一連の「災害チェーン」における最適化を考える。

　それぞれのフェーズにおける物流課題を整理し、その対策を立てるのである。

　災害チェーンの傾向としては初動のつまずきが大きいものの、ある程度、それぞれのフェーズで状況が落ち着いてくれば、民間企業が回転するようになるということがいえる。

　たとえば、救援物資輸送は初期につまずいても大手宅配便企業が本格的に起動すれば、混乱は収束に向かう。

　しかしながら初動のつまずきが大きいということは、精神的に不安定な被災者などの不安を増幅させることにもなり、なんとしても避けたいところでもある。

　そこで対策として浮上するのが行政サイドによる自律的な災害サプライチェーンの構築である。

　民間企業が本格的に動き出すまでの初動時間に行政・災害SCMが起動し、災害情報を共有し、必要なところに必要なモノを必要なだけ供給することで災害の各フェーズの初期ダメージを最小限に抑えるようにする。

　産学官の連携のもとに災害SCMの各フェーズにおけるベストプラクティスを設定し、あわせてチェーンの全体最適を実現する方策を練ることにする必要がある。

★ 実装活動 ➜➜➜➜➜➜

　東日本大震災に際しては、被災以降の救援物資輸送などの震災ロジスティクスに大きな課題があることが指摘されている。震災における物流・ロジスティクス領域について、現状分析を行ったうえで、新たに災害SCMネットワーク、あるいは災害の一連の流れに対応するロジスティクスリスク管理チェーンを検証し、最適化されたSCMシステムを提案、構築する必要がある。

震災における物流の主要課題としては次の5点があげられる。

(1) 被災（地震・津波・台風など）後の救援物資輸送（生活物資の輸送）

(2) 復旧物流（災害廃棄物の処理、住宅建材などの供給など）

(3) 物流インフラの再構築（損壊した物流倉庫の復旧など）

(4) 原発事故対応物流（出荷制限、海外での輸入禁止への対処など）

(5) 防災物流管理（余震などへの対応）

なお、いずれの項目についてもある程度、状況が落ち着いてくれば、民間企業などの支援が期待される。

しかしながら、災害の発生、住民の避難、被災地の復旧などにおいて、それぞれの初動の段階では、民間が独自の判断で震災対応の物流スキームを組み立てることはきわめて難しいといえる。

そこで、初動の段階ではまず、行政サイドが独自システムによる災害SCMを機動させ、STEP 1〜7のように民間企業などへのサポートを円滑に行う道筋を作っておく必要がある。

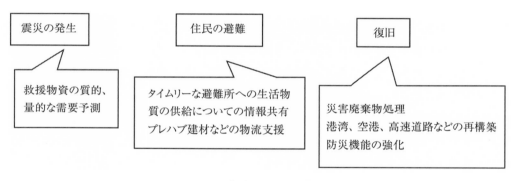

図1-1　災害SCMの概要

STEP　1：被災地の現況分析

　　　　　　被災者、民間物流企業への第1回アンケート調査、ヒヤリング調査

STEP　2：災害SCM構築委員会の設置

　　　　　　（学識経験者、運送会社、倉庫会社、情報システム会社など）

STEP　3：災害SCMシンポジウムの開催とアンケート調査

STEP　4：シンポジウム、アンケート調査のフィードバック

STEP　5：行政版「災害SCM」のアウトラインの開発、設計、スキームの完成

STEP　6：災害SCMの構築

STEP　7：防災訓練などを通してのシステムの稼働とチェック

★ 災害 SCM の検討項目（例）➡➡➡➡➡➡

1）救援物資輸送

今後の災害の発生に備えて、救援物資輸送の緊急受発注システムを行政ホームページなどに構築する。

2）物流施設の避難所対応

被災地の現況を分析し、津波リスクのない土地に産業用地を造成、工場、物流センターをあらかじめ緊急時に避難所機能（避難所として使えるスペース確保、ライフラインなどの整備）を発揮できるようにする。

3）被災インフラの情報公開

災害によりダメージを受けた物流インフラマップをリアルタイムで行政ホームページから公開するシステムを構築する。

4）復旧物流対策

災害廃棄物の処理にあたっての司令塔としての役割を明確にする。（災害 CLO- 災害物流最高責任者 – 行政ポストの設置を検討）

5）防災物流管理

被災地の復興状況を常に先取りするかたちでリサーチし、問題を未然に解決するサーベイヤンス機能をロジスティクスの視点から付加する。

なお、リサーチ段階のアンケート調査は、災害 SCM に関する各フェーズについて、ロジスティクスの専門的な視点から、被災者、物流企業、顧客企業、情報システム企業などを対象として行う。また、結果については統計学の最新手法を用いての詳細な分析を行い、構築委員会における議論を有効に機能させる。

★ 災害サプライチェーンの既存研究 ➡➡➡➡➡➡

災害対応のサプライチェーンネットワークの構築に関しての研究、すなわち災害の発生から避難、救援物資の供給、被災地の復旧・復興という一連のプロセスに対応するサプライチェーン・ロジスティクスネットワークに関する研究は、米国の9・11 同時多発テロ以降、欧米諸国では盛んに行われるようになってきた。

なお、ここでいう災害とは既存研究から戦争・紛争、テロ、ハリケーン、事故、飢饉、疫病、噴火、津波、地震など、さまざまな種類が存在することがわかる。ちなみにわが国で発生した東日本大震災の場合はたんなる巨大地震ではなく、津波や原子力発電所の

事故など、複数の災害が同時に起こった極めて稀な大複合災害といえる。また、2次災害、3次災害のリスクを常に背負っての復旧・復興作業とサプライチェーンネットワークの迅速な再構築を進める必要もある。

既存研究を見ると、たとえば9・11同時多発テロの発生を受けて、サプライチェーンに関わる諸リスクに適切に対処するためにどのようにロジスティクスネットワークを再構築していくべきか、という点についての研究が米国などでは進められていることがわかる。

災害復旧計画や危機対応に加え、実行可能な予防方法についても研究が進められている。災害時における混乱や崩壊を最小限に抑え、過大な修復経費のかからない,対応が迅速で回復力の高いサプライチェーンネットワークが重視されているのである。

災害時における物流の混乱や分断によるダメージを最小限に抑え、緊急時の物流需要に迅速に対処するためのサプライチェーンの司令塔を設け、そこに情報を集積し、重要なサプライチェーンの拠点をモニタリングし、ダメージを受けた流通経路の在庫情報の可視性を高めていく必要がある。

実際、グローバルな視点から見ても東日本大震災に匹敵するレベルの災害はこの10年間に世界各地で多発している。地震・津波のみならず、戦争・紛争や飢饉、疫病などに対応するサプライチェーンネットワークの再構築についても、医薬品も含めた救援物資の輸配送、避難所の在庫管理、物流インフラの復旧など、迅速かつ高度な対応が求められている。

もちろん、そのうちのいくつかの例では行政サイドの迅速な初動対応により、災害ロジスティクスが円滑に機能したケースもある。

具体的な例をあげると、インド洋で発生した津波被害（2004年12月）ではタイ政府が救援物資輸送ネットワークの構築の初動対応において重要な役割を演じた。政府・行政サイドが司令塔となり、被災地への救援物資輸送体制を迅速に構築した。

ちなみに、米国フロリダ州で発生した巨大ハリケーン「カトリーナ」による同州の復旧・復興サプライチェーンにおいても、地方自治体、州政府が災害対応のバックボーンとして活躍している。

さらに地方自治体、州政府の災害対策を進めるバックボーンとなっているのが合衆国連邦緊急事態管理庁（Federal Emergency Management Agency of the United States、略称：FEMA）である。緊急時にロジスティクスネットワークの中心となる官庁組織である。

FEMAは、1960~1970年代に、米国各地でハリケーン被害などが相次いだことを受け、その対策本部として設置された。それまでは災害対策は軍隊や公共道路局などに分散していたが、FEMAの設置で災害ロジスティクスがタイムリーに機能を発揮するようになった。

我が国は世界屈指の地震国といわれているが、災害発生時の迅速な対応には以前から
その問題点が指摘されているにもかかわらず、改善提案が迅速に受け入れられることは
少ないようであった。しかし、東日本大震災のような巨大地震を受け、災害サプライチ
ェーンの司令塔を設けることは喫緊の課題となったともいえよう。

　同時に、「災害という不確実な状況下において,通常のサプライチェーンとは異なるロ
ジスティクスネットワークを設計、構築するには、平常時とは異なる在庫戦略、在庫方
針を採用することが重要になり、平常時以上に緊密な情報ネットワークを広範に構築し、
ロジスティクスの手順をしっかりと定め、情報共有を徹底していくことが重要である」
ということがそうした成功例からの教訓ともいえよう。

　災害対応のサプライチェーンネットワークの構築においては、命令系統の本部を設け
て被災者と協力企業やNPO、さらには寄付団体などを体系的かつ有機的に情報ネット
ワークで結び、あわせて戦略的な救援物資の保管拠点や災害廃棄物の積み替え保管拠点
と、地域レベル、地区レベルのさまざまな規模の災害対応の倉庫などの情報ネットワー
クを効果的に連動させていくことが望まれるのである。

考　察

　地震、津波、火災、台風などの自然災害に際して、ロジスティクスの視点からの対応
を概観しなさい。

第2章

物流センターにおける
情報セキュリティとリスクマネジメント

　ビッグデータ時代の到来によりサプライチェーンにおける情報セキュリティのさらなる充実が求められるようになっている。

　製造業、卸売業、小売業の各プレーヤーを結ぶサプライチェーンで共有されるビッグデータを有効活用することによって、顧客企業は緻密なマーケット戦略、ロジスティクス戦略、販売戦略の構築が可能になる。しかしながら、サプライチェーン全体でビッグデータが共有される場合、その情報セキュリティについてもこれまで以上に細心の対応が必要になってくる。その点を踏まえ本章ではサプライチェーンにおける受発注サイクルにおいて重要視される顧客情報、受発注情報、在庫管理情報などが流出、漏洩、改ざんされた場合のリスクについて物流センター業務を中心に考察することとする。

★ 物流センター業務の一連の流れ ➔➔➔➔➔

　物流センターはサプライチェーンの司令塔としての役割を強めており、同時に物流センター業務の一連のプロセスにおける諸情報の漏洩・流出、改ざんについて十分な対策を講じる必要性が高まっている。物流センターにおける一連の業務は図2-1のプロセスに沿って行われる。

　トラックで物流センターに到着した物品は、荷卸しのあとに検品され、検品が済むと所定の棚などのスペースに格納される。同時にコンピュータで入庫登録を行い、保管数を計上することになる。格納前に商品になんらかの流通加工が施されることもある。

　格納・保管後、出荷指示が出ると、在庫の引き当てが行われ、ピッキングリストが発行され、物品がどの保管エリアから出荷されるかがわかる。リストに基づいてピッキングが行われ、商品は梱包され、方面別の仕分けが行われる。その際に納品書の発行と商品の検品も行われる。商品は仮置きなどを経て、トラックに積み込まれる。なお、検品・梱包の段階で流通加工が行われることもある。

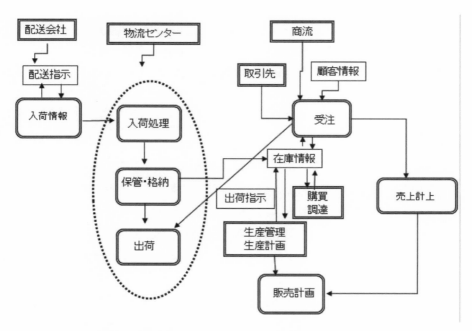

図 2-1　物流センター業務システムの基本フロー

★ 物流センターにおける情報管理の考え方 ➜➜➜➜➜

　　物流センター業務を円滑に行うために、物流業界では次にあげるコンセプトが重視されている。

情物一致

　　物流センターに入荷した物品を検品し、格納・保管する際、物品が入荷バースから入荷検品エリア、保管エリアへと移動する毎にバーコードで読み取るなどし、庫内のモノの移動に同期させるかたちで情報管理が行われている。これを物流業界では情物一致（情報・物流の一致）と呼んでいる。庫内におけるマテリアルフローを円滑にしつつ、情報を同期的に管理するためにバーコード、ハンディターミナルなどが活用されている。しかし RFID（非接触タグ）による庫内効率化が進めば、情物一致型ではなく、情物分離型の情報管理システムの構築が必要となってくる可能性がある。

貨容分離

　　貨容分離（貨物・容器の分離）とは、物流プロセスにおいて、取扱貨物と、パレット、段ボールなどの輸送・保管用容器とを別々に管理することをいう。輸送する貨物はパレットや段ボールなどの輸送・保管用容器に入れられるため、パレット単位、段ボール単

位で情報の紐付けが行われることもあるが、庫内で2次小分け、3次小分けが行われたり、パレット、段ボールなどが空で戻されたり、管理されたりすることもあることから、情報セキュリティの視点からは貨物と容器にはそれぞれ別の識別番号を設け、管理することが望ましいと考えられる。

商物分離

商物分離（商流・物流の分離）とは商流と物流を分けることである。図2-1に示したように顧客の注文から売上計上に至る商流と、物流センター内の業務となる庫内への入荷、保管、出荷の一連のプロセスについて物流を別々に管理することを指す。商物分離を行わず、商物未分化のままの情報システムでは、たとえば、商流のSKU（最小在庫単位）と庫内業務の貨物取扱単位が異なることなどから業務が複雑になる恐れがある。

以上の3概念が物流センター業務を円滑に行ううえでの情報セキュリティ管理の基本となる考え方となっている。しかし、バーコードからさらに高度な情報システムの構築ツールとして期待されているRFDの導入が物流センターで進むなか、情報セキュリティについてもこれまでとは異なる視点から対策を立てていくことが必要になってきている。

★ 物流センターにおける情報リスクの特徴 ➜➜➜➜➜

サプライチェーンの司令塔としての物流センターにおける情報リスクの特徴をまとめると次のようになる。

情報漏洩・流出

物流センターには物品の入荷、出荷、在庫に関する情報が大量に保有されることになる。特に出荷情報が競合他社などに漏れた場合は顧客企業のマーチャンダイジングなどに大きな影響が及ぶことが考えられる。また取引先、顧客情報の漏洩は社会的信用の低下に加えて、取引打切り、停止などにつながる恐れもある。

情報改ざん

物流センターの情報管理は前述したように情物一致の原則により運営されているがビッグデータ時代の到来により大量にデータを扱う状況では商物未分化の領域が発生し、そのため、コンピュータ在庫が実在庫と異なるケースが増えることが想定される。実地棚

卸を徹底させることでコンピュータ在庫と実在庫の乖離を防ぐ努力がなされているが、ハッカーによるコンピュータ在庫の改ざんなどが行われれば、顧客企業のサプライチェーン全体が一時的に途絶するリスクが発生するなどの重篤な状況に陥る可能性も出てくる。

物流センターにおけるパスワード管理

情報漏洩・流出、情報改ざんのリスク回避を念頭にパスワードが綿密に設定されると、パート作業者の多い庫内環境ではその管理が複雑になり、そのためパスワードの紛失や流出が発生する事態を招きかねない。パスワードの管理体制に問題があればビッグデータ化した顧客情報、在庫が流出することにもなりかねない。

物流センターの特性を踏まえるとパスワード管理を効率的に行うにはクラウド化しているWMS（倉庫管理システム）と上位、あるいは下位システムとの連動に際しての暗号化をこれまで以上に徹底する必要性があると考えられる。暗号化方式には共通鍵方式と公開鍵方式があるが、それぞれの特徴を生かしたハイブリッド方式の採用が望ましい。パスワードを平易にする代わりに暗号化アルゴリズムを複雑にすることにより庫内情報の流出、漏洩、改ざんを防ぐ手立てを考えるべきであろう。

なお、ここでいう共通鍵方式は、平文 P、暗号文 C、共通鍵 K_c、暗号化関数 E、復号関数 D による暗号系要素 (P, C, K_c, E, D) について、

すべての通信文 $x \in P, y \in C$、共通鍵 $k \in K_c$ を容易に実行でき、かつすべての通信文 $x \in P, y \in C$ に対して、

$$y = E(k, x), x = D(k, y) \qquad (1)$$

が成立するものとする。

また公開鍵方式は、平文 P、暗号文 C、共通鍵 K_c、暗号化関数 E、復号関数 D による暗号系要素 (P, C, K, E, D) について、すべての通信文 $x \in P, y \in C$ と暗号鍵 K_p、K_s $\in K$ に対して、$E(K_p, x)$、$D(K_s, x)$、$E(K_p, y)$、$D(K_s, y)$ の計算が容易に実行でき、かつすべての通信 $x \in P$ に対して、

$$x = D(K_s, E(K_p, x)) \qquad (2)$$

が成り立つものとする。

考　察

物流センターの情報セキュリティの充実に重要と思われるキーワードを3語あげて、それぞれをリスクマネジメントの視点を踏まえて説明しなさい。

第3章

グローバルロジスティクスにおける
リスクマネジメント

★ リスクの種類 ➔➔➔➔➔

　本章では貿易・国際物流に発生するリスクについてまとめる。

　まず法的リスクをしっかり予防するように気を配る。貿易取引は売買契約、運送約款、倉庫間約款など、さまざまな契約、法律を軸に成り立っている。

　それゆえ、契約条項を誤解したり、きちんと認識していなかったりすれば、それがもとで大きなトラブルが発生しないともかぎらない。

　また、為替リスクにも気をつけなければならない。建値を外国通貨にすれば、為替の変動で大きな損失を被るリスクがあるからである。

　円高、円安などの影響で「製品は好調に売れているのに為替で損をしてしまう」という恐れがある。

　有事の発生によるリスクも無視できない。政情不安などが輸出国、輸入国などに発生すれば、貨物の流れが止まってしまうことになる。

　戦争の勃発、内乱、大規模ストの発生による国政麻痺などにも注意が必要である。たとえば、2009年に従来は国内政情が安定していたタイで突然、反政治デモが発生し、空港などが封鎖されましたが、それによって国際物流も大きな影響を受けた。

　2010年に発生したアイスランド火山噴火のように大きな自然災害で航空貨物がストップしてしまうというような自然災害リスクもある。

★ 貨物輸送リスクに対応 ➔➔➔➔➔

　ビジネスリスクの対策も十分に練っておく必要もある。取引上の損失、資金の回収不能、品質に対するクレームやトラブルなどをいかに回避していくかを考えておかなければならない。

　製造業では製造物責任リスクについて、十分な認識と理解が必要になる。製品の品質

のみならず、表示方法などが不適切、あるいは欠陥があればメーカーに賠償責任が発生してしまう。

そして国際物流の一連のプロセスのなかで重要となるのが、貨物輸送リスクである。貨物を積載した船舶、航空機などが沈没、墜落、あるいは大きなトラブルに巻き込まれ、それによって貨物が損傷したり、紛失したりすれば、物理的、金銭的に大きなダメージを受けることになる。また貨物が輸送中に盗難される危険性もある。

なお、リスクが少なからず存在すると判断した場合には保険に加入することでそのリスクの発生に備えることがリスクマネジメントの視点からも望まれることになる。

★ 国際物流におけるリスクヘッジ：海上保険と航空貨物保険 ➔➔➔➔➔➔

貿易・国際物流と保険は密接な関係がある。万が一、貨物にダメージが発生した場合、その損失をカバーすることができるからである。

海上運送ならば、海上保険、航空運送ならば航空貨物保険をかける必要がある。保険の契約には、個々の貨物ごとに個別契約を結ぶケースと一定の貨物をまとめて契約を結ぶ包括契約がある。貨物の明細、数量、輸送手段、保険契約などをすべてはっきりさせて保険契約を結ぶことを確定保険契約という。

それに対して、契約の内容をすべて確定させなくても保険契約を結ぶことがある。これを予定保険契約という。

輸送期間が比較的、長くなる海上保険では、期間を決めて保険契約を結ぶ期間保険契約と船舶の1航海を単位として契約を結ぶ、航海保険契約がある。

また保険期間の始まりと終わりを国際物流プロセスのどこに置くかも重要である。輸出者の倉庫から搬出されてからなのか、本船に積み込まれてからなのかで、事故が発生した際の保険のカバーを輸出者、輸入者のどちらが行うかも異なってくるからである。

★ 貿易保険 ➔➔➔➔➔➔

貿易保険とは、貨物の国際取引において発生した資金トラブルなどのリスクを回避するための保険である。海上保険や航空運送保険ではカバーできないリスクをカバーするための保険である。

貿易保険は「独立行政法人日本貿易保険」（以下、日本貿易保険）がその業務を行っている。日本貿易保険がリスクをカバーし、さらにそれを経済産業省がバックアップす

るというかたちがとられている。日本貿易保険は日本企業の海外の取引先の信用調査を行う。各企業の格付けと与信調査・管理を行っている。そして登録された企業との取引について保険を引き受けるわけである。

　貿易取引などで相手の危険度を「信用危険」と「非常危険」に分けて、対応している。信用危険とは、取引相手の倒産、破産などにより代金などの回収が不可能になるリスクを指す。責任はあくまで先方にあるというリスクである。これに対して、非常危険とは当方、先方のどちらにも非がないのにリスクを被ることをいう。

　たとえば戦争、大震災などは当事者には、どうにも対応できない。こうしたリスクが非常危険である。なお、日本貿易保険はどちらの危険に対しても金銭的な損害に対しての補てんを行っている。

★ 貿易における保険のポイント：どこまで貨物を負担するか ➜➜➜➜➜➜

　保険期間の起点と終点をどのように設定するかで事故が発生した場合、輸出側（発荷主）も輸入側（着荷主）もできれば貨物の損傷などの責任を負いたくないわけである。そこでポイントとなってくるのがインコタームズとの関係である。

　保険の適用範囲はインコタームズで定義されている貿易条件によって変わってくることになるからである。たとえば、FOB（本船甲板渡し条件）の場合、輸出者は、貨物を積み地港の本船までのコストを負担することになっている。

　したがって、この場合の輸出者の保険の負担もここまでということになる。

　本船で貨物を引き渡された輸入者は、それ以降のプロセスについて保険をかけてリスクヘッジを行わなければならない。

　また、CIF（運賃・保険料込み条件）の場合は、輸出者は、本船で貨物を積み込んだ後の海上輸送の期間についても保険をかけなければ損害を受けるリスクが出てくるわけである。

　すなわち、「どこで貨物を引き渡すか、どこまでの運賃、コストを負担するのか」ということが保険料の支払いと緊密な関係を持つことになる。

　保険との関係を考えながら貿易条件を決めることが重要になってくるわけである。

　もっとも、保険の適用範囲については、海上保険でカバーし、仕向け地サイドと陸揚げ地サイドの双方で陸送などの保険をつけるというやり方も可能である。

　ただし、海上保険の適用範囲を広げることで、包括的にカバーする方が、余計な負担を負わずに済むことになる。

★ 倉庫間約款 ➜➜➜➜➜➜

　倉庫間約款（倉庫間危険担保特別約款：ウエアハウス・ツー・ウエアハウス・クローズ）とは、「倉庫から倉庫までの区間の保険適用のために定められた約款」のことである。

　国際輸送される貨物は、まず向け地の倉庫から搬出される。そしてそれから輸入者の指定する倉庫などに搬入されることになる。

　倉庫間約款とは、その際の仕向け地の倉庫から荷揚げ地の倉庫について、輸出者が貨物保険の責任を負うということについてのものである。

　倉庫間約款をきちんと確認することで、どこからどこまでの保険責任が付与されているのかをしっかり把握して、貨物の損害などが発生した場合に迅速に対応できるように心掛けることが重要になってくるわけである。

表 3-1　インコタームズ一覧表

名称	解説
CIF（運賃・保険料込み条件）	売主は貨物が本船手すりを通過するまでの運賃、保険料を負担する
CFR（C&F）（運賃込み条件）	売主は貨物が本船手すりを通過するまでの運賃を負担する
CPT（輸送費込み条件）	売主は仕向け地までの運送費を支払う
CIP（輸送費・保険料込み）	売主は仕向け地までの運送費、保険料を支払う
DAF（国境渡し条件）	輸出通関手続き終了後、輸入国の税関の手前で荷卸しをしない状態で輸入者に貨物が引き渡される
DEQ（埠頭渡し条件）	仕向け地到着後、輸入通関前に本船上で引き渡す
DDU（仕向け地関税抜き持ち込み渡し条件）	輸入通関、関税納付は輸入者が行う
DDP（関税込み持ち込み渡し条件）	輸出者が通関手続き終了後、貨物を荷卸しせず、相手先工場などで輸入者に引き渡す
EXW（売り手工場渡し）	売主が輸出国の自社工場、倉庫などで買主に貨物を引き渡す
FAS（船側渡し条件）	輸出通関手続き終了後、本船の船側に置くことで引渡しが完了する
FCA（運送人渡し条件）	輸出者が輸出通関手続き終了後に輸入者の指定する運送人に貨物を引き渡す
FOB（本船渡し条件）	輸出通関手続きの終了後、本船の手すりを通過することで貨物の引渡しが行われたことになる

考　察

　貿易・国際物流のリスクについて整理しなさい。

第4章

グローバルサプライチェーンセキュリティの構築

　グローバルサプライチェーン円滑に機能させるために、いかに貨物輸送のセキュリティ確保をしていくかということに注目が集まっている。サプライチェーンセキュリティのフレームワークを確認することにする。

★ サプライチェーンセキュリティへの対応 ➜➜➜➜➜

　米国では2001年の9・11同時多発テロ事件以降、テロ対策強化の視点からサプライチェーンセキュリティの管理体制の強化を進めている。

　そしてその一環として2007年には「100%貨物スキャン法」が議会を通過した。「エックス線検査装置と放射性物質検知装置を組み合わせた非接触型検査装置を使い、外国港湾において船積み前にすべての米国向けのコンテナ貨物の検査を行うこと」が数年内に行われることが決まったのである。

　コンテナ全量検査を義務化するというかたちで諸外国に米国向けの輸出管理を徹底させるという発想である。

　もっとも、「コンテナの全量検査は基本的に無理のある考え方で、年間1200万個のコンテナを逐一、海外港湾で検査すれば、国際物流は阻害され、荷主のコストは莫大なものになる」とも指摘されている。

　また、物流のグローバル化の進展により、輸出についても国際的な枠組みを強化する動きも出てきている。

　本来、各国の国際物流・貿易政策を見てみると、自国への輸入を規制、管理することには熱心だが、輸出する物品に関する管理はそれほど綿密に行われてこなかった。東西冷戦体制が崩壊し、旧共産圏や中国などの資本主義経済へ参入したこともあり安全保障の観点からの輸出管理、輸出規制は軽視されがちだった。しかし核兵器の不拡散などを懸念する声が米国などでは高まり、輸出規制品目をリストアップし、「ならず者国家」の核兵器製造や大量破壊兵器の開発を防止しようという動きが強まった。

米国が懸念しているのは、大量破壊兵器などとは無関係に思える工業製品でも「ならず者国家」の手にかかれば、それが大量破壊兵器、核開発のツールなどに悪用されるリスクが高いということである。

　たとえば、我が国で使われる場合には何の問題もない農薬散布用のリモコン型ヘリコプターやドローンが輸出国次第では、生物兵器・化学兵器の散布用に転用される危険性が指摘されたこともある。

　そこで米国の製品、あるいは米国由来の技術を用いた製品については、日本企業といえども、社内輸出規程を厳格に実施することが求められ始めている。米国の製品や技術を用いた製品や技術を日本から再輸出する場合にも米国法を適用し、しっかりした輸出管理（エクスポート・コントロール）を行う動きが強まっている。

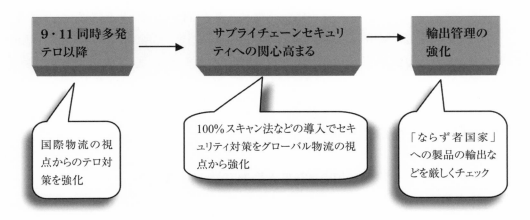

図 4-1　サプライチェーンセキュリティへの対応

★AEO 制度の導入 ➔➔➔➔➔➔

　AEO 制度としては、輸出者を対象とした「特定輸出申告者制度」（自社内での輸出申告が可能）、輸入者を対象とした「簡易申告制度」（貨物到着前の輸入申告が可能）、倉庫業者を対象とした「特定保税承認制度」（手数料の軽減）、さらにそれに続くかたちで通関業者を対象とした「認定通関者制度」と国際運送事業者を対象とした「特定保税運送制度」が、保税運送手続きの簡素化を目的とし、創設されている。

　サプライチェーン全体を網羅するかたちで輸出入業者、倉庫業者、通関業者、国際運送事業者のそれぞれを AEO 制度の対象とし、制度が整備されてきたわけである。

　米国の 9・11 同時多発テロ以降、サプライチェーンセキュリティなどを念頭に世界税関機構 (WCO) の枠組みを基盤に各国の税関当局が同制度の導入を進めてきた。

米国では C-TPAT（カスタム－トレード・パートナーシップ・アゲインスト・テロリズム）と呼ばれ、輸出国から米国に至るインバウンドサプライチェーンのセキュリティ強化を目的とし、同時多発テロ発生の翌年4月より官民共同の取組みとして導入された。

その対象は米国への輸入関連事業者、トラック、海運、航空、鉄道、港湾の各事業者、フォワーダー、通関事業者などで、認定レベルは3種類ある。

ちなみに米国では船会社などに対して米国向け海上貨物について船積みの24時間前までに（航空貨物については到着4時間前までに）積荷目録情報の提出義務を課す「24時間前申告ルール」も導入されている。

なお、WCOでは2006年6月に国際標準のAEOガイドラインを採択している。同ガイドラインの採択などを受けて、EUにおいてもAEO制度が施行されている。また、国際間の同制度の相互承認も行われるようになった。

たとえば、日本とニュージーランドは双方のAEO輸出者を相互承認の対象者として、双方の対象者が輸出した貨物のそれぞれの輸入について安全面に関する通関の円滑化措置を実施している。

★ AEO 運送者制度の概要 ➜➜➜➜➜

AEO運送者制度は、国際運送事業者（外航海運、航空会社、フォワーダー、トラック事業者、海運事業者）を対象とした制度である。

税関長の承認を受けた者については個々の保税運送の承認が不要となり、さらに特定委託輸出申告に係る貨物については輸出者の委託を受けて保税地域以外の場所から直接積込港までの運送を行うことができるというものである。

同制度の承認を受けるには業務遂行能力、過去の法令違反歴について審査を受けなければならない。

また社内コンプライアンス（法令遵守）規則の作成とそれに沿っての適正かつ確実な業務の遂行も求められている。

★ 承認申請のプロセス ➜➜➜➜➜

AEO運送者の承認申請については、国土交通省で発行している『国際運送事業者のためのAEO制度実務手引書』などを参考に社内体制を整え、主たる事業所を管轄する税関に事前相談、承認申請を行う必要がある。

承認を受けるためには法令遵守規則、業務手順書や建屋・設備などの情報、情報システムの機能説明などを用意する必要もある。

また事業法の部分に関しては国土交通省の所管課が審査を行い、各事業法に係る法令違反歴（過去3年間）、業務遂行能力（主に過去3年間の行政処分歴）などがチェックされる。

★ AEO 運送者のメリット ➔➔➔➔➔➔

AEO 運送制度の承認を受けた特定保税運送者（AEO 運送者）には、保税運送に係る手続きの簡素化・負担軽減というベネフィット（恩恵）が与えられる。
一般の保税運送では運送するごとに発送地、到着地、運送貨物を特定し、税関に申告し、承認を受ける必要がある。

また、保税運送が頻繁に行われる場合の包括保税運送制度についても発送地ごとの承認は必要で、さらに対象貨物についても貨物の概要が明らかなものに限られ、包括承認期間も最長でも1年で毎年更新の手続きをしなければならないなどの制約がある。

しかし特定保税運送の場合は、発送地ごとの承認、到着地での確認が不要となる。

他方、輸出者（荷主企業）は、AEO 通関業者を使い、輸出申告を行えば、保税地域外の工場、倉庫などで輸出申告が行えることになる。

それによって輸出リードタイムの短縮を実現することが可能になる。また、原材料・部品などの調達から店頭販売に至るまでのサプライチェーンセキュリティの全体最適化を実現しているということを消費者などに強く印象付けることもできるのである。

★ AEO 制度とサプライチェーンセキュリティ ➔➔➔➔➔➔

AEO 制度の大きな特徴として、グローバルサプライチェーンの観点からの貨物に対するセキュリティ対策があげられる。

近年は国際テロなどの増加により、貨物のなかに爆発物、毒薬、不正薬物などが紛れ込むことがないように、これまで以上に細心の注意が払われなければならなくなってきた。

それゆえ荷差し、荷抜きなどが絶対に行われないような業務体制、業務手順の整備が必要になってきている。

また、国際貨物のセキュリティチェックを行うための施設・装置・情報システムなど

のさらなる充実、人事管理、あるいは従業員、出入り業者、訪問者などの身元証明のより一層の徹底などが求められてきている。

　貨物管理については運送経路、方法、貨物の状況などを正確に把握し、同時にコンテナなどが不正にアクセスされたり、荷抜き、荷差しが行われていたり、不審な貨物がないかどうかを意識しながら作業することが求められている。

　なお荷積み・荷卸しについては検品、検数、検量などを単に行うのではなく、「不審な貨物が紛れ込んでいないか」ということに十分に気を払う必要がある。

　さらにいえば、AEO の認定を受けてからも継続的な改善を行っていく姿勢が求められている。

★ ハイリスクな貨物をチェック ➜➜➜➜➜

　繰り返しになるが、米国で発生した 9・11 同時多発テロ以降、米国はグローバルサプライチェーンのセキュリティ管理の徹底を国際物流における大きな柱の一つとしている。

　グローバルサプライチェーンにおけるハイリスクな貨物の発見、検査体制が厳密化される方向性はますます強まろうとしている。

　国際貨物のセキュリティ管理がグローバルロジスティクスの大きなキーワードとなりつつある。

　そして国際的なレベルで AEO 制度をより充実させていこうという動きも、そうした流れのなかで、考える必要がある。

　たとえば、日本から米国への貨物輸出に際して、米国税関は日本からの貨物が AEO 事業者によるものであれば、審査・検査の段階でその資格をリスク評価に反映させている。

　すなわち、AEO 事業者を活用することで米国への貨物輸出を円滑化することができるのである。輸出者である荷主企業などもこうした状況を十分に把握する必要がある。国際貨物の迅速な輸出を目指すのならば、AEO 事業者の積極的な活用を図ることが望ましいといえるのである。

考　察

　AEO 運送者制度の概要についてまとめなさい。

第 5 章

貨物輸送プロセスにおけるリスク

★ 海上貨物に想定される損害 ➤➤➤➤➤

　貨物に損傷が発生した場合、保険によりカバーすることができるようにすることは、きわめて大切なことである。

　しかし、貨物のダメージによる損害のすべてを金銭で解決できるわけではない。

　同等の製品を再出荷する必要が出てきたり、修理に時間を要さなければならなくなったりするかもしれない。大きなタイムロスが発生することにもなるわけである。

　無論、そうなれば納期遅れなどのために取引先の信用を失うことにもなりかねない。

　したがって保険をかける以前の問題として、貨物に関するさまざまなリスクについて十分に配慮する必要がある。

　そこでその点を踏まえて、海上コンテナ貨物に発生すると思われる損害を整理しておく。

　まず考えられるのがコンテナのピンホールなどが破損することにより、内部に雨や海水などが入りこむ「ぬれ損」である。

　また、コンテナ内部がきちんと掃除されて清潔に保たれていないと、内部の貨物が汚染されたり、汚損したりする恐れもある。

　ただし、こうしたリスクは、コンテナの保全・修理など、メンテナンスをしっかりすることで回避することができるはずである。

　製品が輸送中に破曲したり、擦れてキズなどがついてしまったりすることもある。

　こうしたケースの多くはコンテナ内の積み付けがしっかり行われていなかったり、個品単位の包装が不適正であったりしたために生じた可能性が高い。

　過剰包装となることは回避したいところだが、積載効率を十分に意識したうえで、国際輸送の際のさまざまな衝撃に耐えられる個品包装としっかりとしたコンテナ内の貨物の積み付けを行う必要がある。

　さらにいえば、コンテナへの貨物の積み込み、積み卸しなどに際して、荷役作業が過度に荒っぽかったり、拙劣であったりすれば、貨物がダメージを受けるリスクが高まる。

　海外の場合、日本と荷役のやり方、考え方などが異なることもあるが信頼のできる業者に相談してそうしたリスクも少なくしておきたいところである。

「汗ぬれ損」に対する防止策も練っておいたほうがよい。汗ぬれ損とは輸送中に外気の温度の変化などが原因でコンテナの内壁に結露が生じて、それが貨物に損害を及ぼすという現象である。

　貨物自体の性質が結露を誘発するというケースもある。その場合、除湿装置付きコンテナ、通風式コンテナなどの活用で予防措置をとるようにする。

表 5-1　主な貨物輸送のリスクと対応

輸送過程でのトラブル	トラブルの原因	トラブルへの対応・対策
船などの火災・爆発	船の座礁・衝突・接触・沈没など	貨物の不着、損失の詳細を迅速に確認 保険会社への連絡
貨物の盗難、コンテナジャック	輸送リスク、保管リスクなどの高い海外ルートの使用など	抜荷による貨物の損失、貨物の不着、貨物の未出荷などへの事後処理を迅速に行う
漏損、重量などの減少	自然減など 出荷時点での梱包、荷支度の不十分など	物流過程での保管、梱包などを工夫する必要性大
破損・曲損、へこみ損	出荷時点での梱包、荷支度の不十分など	物流過程での保管、梱包などを工夫する必要性大。コンテナ内の積み付け、固定の徹底など。物流特性に合わせた適切な荷役作業の指導・教育の強化
雨ぬれ損（淡水ぬれ損） 海水ぬれ損	コンテナの破損など	コンテナの保守・修理の徹底
汗ぬれ損	コンテナの内壁に内外気の温度差などにより結露が発生するため	除湿装置付きコンテナなどの導入
汚損	コンテナ内の汚れなど	コンテナ内の 5S の徹底
船、航空機、トラックなどの運送機関の遅延	渋滞、荒天候、通関手続きの遅れなど	長期天気予報などの出荷前の事前確認の徹底、渋滞時間などの調査、余裕を持っての通関手続きの遂行など
波ざらい	荒天候など	甲板上のコンテナをしっかり固定・緊縛する
見知らぬ貨物の混入（差し荷）	テロなどの計画・実行	監視カメラの導入、梱包明細書などの入念なチェック

★ 貨物のダメージ ➡➡➡➡➡➡

　ぬれ損、汚損、破曲損などは、コンテナの入念なケア、修繕・保全、荷役作業の高度化などを進めることで防止することが可能となる。

　しかし、防止の難しい損害もある。発生が偶発的でその予想が困難なトラブルなどである。たとえば、荒天に遭遇し発生する海上貨物の波ざらいや海上火災などの本船事故は、十分な注意を払っても、それを絶対的に防げるということはない。思わぬ損害のリスクを常に念頭において置かなければならない。

　また、冷凍コンテナの場合、冷凍装置が故障するというトラブルに見舞われれば、貨物の中身が解凍し、その結果、大きな損害が発生するということも考えられる。海上輸送における冷凍コンテナの貨物は、比較的、高額なものとなる傾向があるため、1事故あたりの損害金額も高くなることが少なくない。入念なメンテナンスが求められるわけである。

　航空貨物についても事故などが偶発的に発生した場合のリスク対策、事後の対策などをしっかりと立てておく必要がある。

★ 抜荷、不着、盗難などのリスク ➡➡➡➡➡➡

　リスクを回避することは不可能ではないが、抜荷のように入念な対策が必要な損害もある。

　抜荷とは、コンテナなどから貨物の一部を抜き出し、持ち去る犯罪である。そうした犯罪は本来、決してあってはならないものだが、海外のモラルの低い一部の国で発生するリスクが少なからずある。

　そこでコンテナシールがそうした抜荷を防ぐ目的で導入されている。貨物のバンニング（積み込み）のあとには、必ずコンテナシールで封をすることになる。ボルトシールという切断するには専用の工具が必要なシールが用いられることもある。

　国際輸送ルートの選定に際して、トラブルが発生しそうなルートを調査し、可能な限り回避するということが、抜荷防止の最善策とも思える。

　各国港湾の荷役状況、労働環境などはもちろんのこと、カントリーリスク、国内治安状況などについて十分に把握しておくことが望ましい。

　コンテナから荷の一部を抜くのではなく、コンテナごと盗難されるという「コンテナジャック」のリスクも考えておかなければならない。

　海外ではコンテナがシャーシー（車台）に載せられたまま、貨物ジャックされるケー

スも報告されている。もちろん、コンテナジャックが発生すれば、運送会社は貨物を目的地に届けられなくなるわけだから、貨物は不着ということになる。

特定の商品の価格が高騰したり、品薄状態に陥ったりしたために、コンテナジャックなどの事故の被害が発生しやすくなるというということもある。

★ 貨物保険の機能 ➔➔➔➔➔➔

損害保険には経済的な損失が発生した際にその損害を埋め合わせるという機能がある。これは補償機能と呼ばれている。

貨物保険もそうした損害保険の一種なのだが、通常の損害保険にプラスするかたちで、担保的な役割も果たしている。

貿易においては、船荷証券などの船積書類が荷為替手形の担保となり、銀行に提供される。しかし、荒天遭遇などで海難事故が発生し、貨物が全損となってしまった場合には船荷証券や荷為替手形を持っていても銀行は損害をカバーすることはできない。けれども銀行は船荷証券などに加えて保険証券を副担保として押さえていれば、保険金を請求することができるのである。

★ 保険証券のしくみ ➔➔➔➔➔➔

貨物保険に使われる保険証券は英語で書かれた英文証券となる。

保険証券の形式と約款はイギリス式を踏襲している。保険証券は副担保としても機能するので、裏書きすることで他の船積書類と一緒に輸入者などに譲渡することが可能である。

また、貨物保険の保険証券は輸出手続きに際しては、2通発行される。それ以上、発行されることもある。

これは船積書類の一部として荷為替手形の作成のときに必要となるからである。船積書類の一部としての機能がある。

もちろん、保険証券があることで、貨物保険が成立していることが証明される。そのための重要な証拠書類となっている。

ちなみに、保険金額は貨物の価額だけではなく、FOB（本船甲板渡し条件）価額、CIF（運賃・保険料込み条件）価額など、さまざまなパターンがある。ただし、CIF価額をベースとして考えられることが多い。

輸出する場合、CIF 価額をベースに希望利益を加算して保険金額を算定する。

希望利益とは貨物が無事に到着した場合に輸入者が得られることを期待する利益のことである。たとえば輸入者がその貨物を転売などすることで 10% の利益を得ることを期待するならばその 10% を希望利益として保険金額に上乗せする。

なお、保険証券が手元に届いたら、必ず内容をチェックするようにする。保険金額 (Amount Insured)、保険金支払地 (Claim, if any, payable at/in)、保険条件 (Conditions)、貨物 (Goods and Merchandises) などについて、きちんと目を通す。また、保険証券と同時に保険料請求書も届けられるので、こちらも確認を怠らないようにする。

考　察

国際物流において貨物にはどのようなダメージを受けるリスクがあるかを整理しなさい。

第6章

貨物保険のしくみ

★ 分損不担保 ➜➜➜➜➜➜

　貨物保険でカバーできる範囲を考えるうえで、FPA（旧約款：分損不担保）という保険条件をしっかり理解しておく必要がある。なお、分損とは貨物の一部に損害が発生したことをいう。FPA とは全損ならば保険金が支払われるけれども、分損では保険で網羅できないということである。

　ただし、特定分損といわれる特定事故についての損害に対しては保険金が支払われる。具体的にいうと、全損に加え、積込み、積替え、荷卸しなどのときに生じた貨物の荷造り単位での全損、船舶あるいははしけの座礁・沈没・火災による当該貨物の分損、火災・爆発・船舶間の衝突などによる分損、荷卸しに起因する避難港における貨物の消滅や損傷、中間の寄港港や避難港における陸揚げ、保管、継送のための費用などがてん補の範囲となる。

　FPA でカバーされる貨物は石炭、鉄鉱石、スクラップ、石材などのバラ積み貨物が中心になる。貨物の特性によっては FPA をベースに付加リスクを追加して契約することもある。

　なお、FPA では雨ぬれ損、あるいは淡水ぬれ損はカバーできるが、潮ぬれ損はカバーされない。雨でバラ積み貨物がぬれて、損害を被った場合はてん補されることになっても、ハッチカバーなどの隙間から海水が浸入するかたちで発生する潮ぬれ損などについては対象とはならない。

★ WA とオールリスク ➜➜➜➜➜

　潮ぬれ損のリスクをカバーするためには WA（旧約款：分損担保）で対応する。WA は FPA に加えて潮ぬれ損もカバーできる保険条件である。

　また、WA や FPA といった基本条件に付加危険を追加することも可能である。

　たとえば貨物の取扱いの際の不注意などで生じた汚損、破損、さび損などの損害を考慮して保険条件を組み替えていく。

もっとも、それぞれの貨物特性、物流特性などを考慮しながら担保リスクを検証していく時間や手間をかけたくないという場合、オールリスクという契約方式をとることも可能である。

我が国の貨物の保険条件としては、このタイプが主流といえる。ただし、オールリスクの場合でも、免責はある。被保険者が故意に違法行為をしたり、包装・梱包などに不備があったりすれば、保険会社は免責を主張するだろう。また、貨物が自然に消耗・磨耗、あるいは腐敗してしまった場合なども免責になる。

貨物が台風などの理由で遅延し、たとえ生産計画に狂いが生じても貨物保険ではカバーできない。遅延が運送会社の責任である場合は保険会社ではなく、運送会社と話し合って、問題を解決することになる。

★ 保険会社のサーベイ ➤➤➤➤➤➤

万が一、事故が発生し、保険金を請求する必要が生じた場合、その手続きをしなければならない。輸入貨物に問題が生じていることが発覚したら、まずはクレーム手続きをとることになる。

保険会社が用意した書式を用いて、輸入貨物の引取り後、できるだけ早く輸入貨物事故報告書を作成しなければならない。

保険証券の番号、輸入貨物、輸送用具、事故発生年月日、損害の概要及び損害見込金額などを記入する。

具体的な損傷部分の写真、デバンニングレポートなども参考資料として添付することになる。

そして報告書の提出後、保険会社が事故貨物の立会い検査を行うことになる。

また、海難事故などの場合は情報を船会社などから入手次第、保険会社にすみやかに連絡をとるようにする。

連絡を受けた保険会社はサーベイ（検査）を行う。サーベイにはダメージサーベイとハッチサーベイがある。ダメージサーベイとは貨物の損傷の状況や程度の調査である。損害の状態や原因を調べ、保険期間中に発生したダメージなのかどうかをチェック、確認する。

さらに保険会社は貨物の損傷具合をたんに検査するだけでなく、輸入穀物などのバラ積み貨物の損害など、必要に応じて、荷卸し前の本船内の状況などもチェックする。これをハッチサーベイという。積載貨物全般の損害状況、積み付け状況などに加え、場合によっては航海日誌なども確認する。

なお、保険のクレームは原則的に輸入者の問題である。しかし、輸出者に輸入者からクレームが来ることもある。

たとえば貨物の梱包が不十分であったりすれば、保険会社は保険金を支払わない。貨物の損傷の責任は発荷主である輸出者にある。こうしたクレームをシッパーズクレームという。輸出者の立場からするときちんと梱包を規格通りに行ったかどうかを写真に撮るなど証明できるかたちで残しておく必要があることもある。

★ 保険金の請求 ➡➡➡➡➡➡

保険金の請求には保険証券、インボイス、船荷証券、デバンニングレポート（あるいはボートノート）、サーベイレポートなどが必要になる。

その他に、貨物が量的損害を受けたならば重量証明書、海難事故が発生した場合は海難報告書、さらには損傷状況によっては、本船の船倉の貨物の積付図、修理費などの明細書、輸入申告書などを用意しなければならないこともある。

★ PL 保険 ➡➡➡➡➡➡

製品の製造者は自社の製品に欠陥などがあり、そのためにユーザーが事故などに巻き込まれた場合、賠償責任を負わなければならない。こうした責任のことを製造物責任（PL: プロダクト・ライアビリティ）という。

PL は製造業のみならず製品の輸入者も負うことになる。すなわち、製造、加工、輸入などにより引き渡した製品に欠陥があり、そのために第3者の生命、あるいは身体や財産を侵害した場合にはたとえ過失がなくても賠償する責任が生じるのである。これは製造物責任法（PL 法）により定められている。

もちろん賠償の負担は大きく、場合によっては以後の企業活動に多大な影響が発生することにもなる。そこでそうした企業のリスクを回避するために設けられた保険が PL 保険である。

なお、PL 保険には国内 PL 保険と輸出 PL 保険の2種類がある。

国内 PL 保険は、製造業のみならず、輸入業者も加入する。これは輸入者が製造物責任を負うケースがあるからである。

たとえ小規模な個人レベルの輸入でも PL は発生する。ある製品に欠陥があることを知らずに輸入しても、第3者がその製品により損害を受けた場合には、被害者に対して損害賠償を行わなければならないのである。

★ 輸出の際の対応 ➜➜➜➜➜

　メーカーなどが輸出した製品で海外の消費者などが損害を受けた場合、輸出生産物賠償責任保険（輸出PL保険法）に加入する。

　メーカーが商社などを経由して輸出を行う場合も保険契約を結ぶことが可能である。輸出PL保険は国内の保険会社と契約するのが一般的である。ただし、輸出先の保険会社と契約を結ぶこともある。自国保険主義を採用している国の場合である。

　自国保険主義とは「保険は輸入国の保険会社と保険契約を結ばなければならない」という方針をとっている国のことをいう。

　米国などで製品の欠陥が原因で大きな事故が発生した場合などは莫大な賠償金が要求されることが少なくない。

　輸出PL保険に加入しておくことで、訴訟費用、弁護士費用などをカバーすることが可能になる。

　なお、加害行為がきわめて悪質な場合などに認められる高額な「懲罰的損害賠償」については免責となるのでPL保険で対応することはできない。

考　察

　国際物流における保険会社のサーベイのプロセスをまとめなさい。

コラム　海上保険の歴史

　保険の歴史は古代バビロニアまでさかのぼれるとされている。

　紀元前 850 年前後には海上国家として栄えたカルタゴで地中海貿易の際に「冒険貸借」という現在の海上保険の類のものが現れた。

　海運業者、貿易業者などが貨物、船舶などを担保にして金融業者からお金を借りて貿易航海が無事に終われば、そのお金に利子をつけて返済するというしくみであった。

　なお、当時の利子は航海の危険性を考慮して現代から見ればかなり高く、30% 前後あったといわれている。ただし、この時代には貨物保険、あるいは船舶保険といった細かい概念は存在しなかった。

　13 世紀になってローマ教会が利子をとることを禁止すると、冒険貸借は廃止された。そしてその代わりに手数料をとり、海難事故などが発生した際の損害賠償金を支払うという海上保険制度が生まれた。

　最初の海上保険証券は 1379 年にピサで作成されたものといわれている。

　17 世紀になると、イギリス人のエドワード・ロイドが開店したコーヒーハウスに多くの海運関係者が集まり、やがてそこが海上保険の取引の中心的な場所となった。

　そしてその流れから現在でもロンドンが海上保険の世界的な中心地となっているのである。

第7章

物流におけるクレーム処理

★ 物流のクレーム処理報告 →→→→→→

　物流についてクレームが発生した場合、すみやかに荷主、あるいは顧客などに謝罪するとともに、二度と同じミスが発生しないように「どうしてミスがおきたのか」を調査し、対策を立てなければならない。

　物流のクレームが発生することで、顧客、荷主などからの信用低下、返品、緊急出荷などの本来ならば必要なかった余分な経費（物流コスト）が生じることにもなる。

　たとえば、誤出荷やピッキングミスが発生し、それに起因するクレームが顧客、あるいは荷主企業などからきた場合、どのような対応策をとればよいのだろうか。

　この場合、責任者を呼び出して注意したり、迷惑をかけた先方に謝罪に行かせたりするだけではなく、「再発を防止するにはどうすればよいか」ということ組織内でしっかりと考える必要がある。

　その点を踏まえて「クレーム処理報告書」、あるいは「物流業務・ヒヤリハット報告」を作成し、対策を立てるようにする。

　もちろん、たんに報告書を作成するだけではなく、「クレームが絶対に発生しないようにしよう」という現場の意識を高めていく努力も重要である。

★ クレーム処理報告書 →→→→→→

「どのようなミスがいつ、どこでだれによってどうして発生したか」を整理し、そのためにどのような対策を立てるか、再発防止策についても言及する。

　さらにはクレーム処理報告書は一定期間ごとに見直し、集計、分析し、作業者に再発防止策などの情報をフィードバックする。

　クレーム処理報告書にはクレームの発生した部署の責任者、担当者、顧客名、クレームの種類、クレームの概要、発生原因、クレームへの対応、今後の再発防止策などを記載する。また、可能ならば現場の写真も撮っておくとよい。

★ 物流業務・ヒヤリハット報告書 →→→→→

　すでに発生してしまったクレームについて処理報告書を作成するだけではなく、「もう少しでクレームが発生するほどのミスが発生した」というニアミスの状況についても物流業務・ヒヤリハット報告書を作成し、まとめておくとよい。

　報告書にはヒヤリハットの発生した日時、ヒヤリハットの種類と場所などの概要、発生原因、反省点、今後の再発防止策などについて書き込む。

　もちろん、ヒヤリハット報告書についても一定期間ごとにフィードバックを行う。

　ヒヤリハット報告書を書くことでミスを事前に防ぐ可能性が高まるほかに、実際のクレーム数が減少するという効果もある。

★ 配送クレームへの対応 →→→→→

　配送クレームとは、配送などに関するクレームで、発送品の未着や配送遅れ、汚損・破損、誤出荷・誤配送などに対するクレームの総称である。トラックドライバーに対しても接客教育などを徹底させる必要性がこれまで以上に出てきている。

★ 発送品の未着 →→→→→

　クレームが寄せられたら、まずはすみやかに出荷がきちんと行われているかどうかをチェックする。発送品について物流トレーサビリティの視点からのチェック、すなわち貨物追跡システムなどにより、配送状況を確認する。

　そのうえで未着の発送品がいつ頃、到着するのか、あるいは紛失などの物流事故が発生していないかを確認し、顧客に迅速に知らせる。

　時間指定が設定されていたものの、たとえば週末や納期前などで配送が込み合う場合には、納品が遅れる可能性が出てくるので注意する。

★ 品物の汚損・破損 →→→→→

　物流上の問題が発生したために到着した品物が汚れていたり、破損したりすることがある。貨物保険でカバーできる場合でも、荷受人からのクレームがあれば状況をきちん

と丁寧に説明し、必要ならば謝罪するようにする。また、補償についても相談するようにしたい。

★誤出荷・誤配送 ➡➡➡➡➡➡

　注文と異なる商品を出荷したり、配送したりしたためにクレームを受けた場合、迅速に荷受人に注文通りの商品を配送し直すことになる。もちろん、荷受人には「なぜそのようなミスが発生したのか」ということや「今後、どのような防止策をとっていくか」といったことも、きちんと説明できるようにしたい。

　誤配送、配送遅れなどが頻繁に生じることになれば、企業の受けるダメージは計り知れない。たった一件の誤配送でも生産計画の変更などを余儀なくされることもある。

　また、伝票などに記載されている情報が誤配送の結果、誤って競合他社などに渡り、そこから情報が漏れれば大問題にもなりかねない。

　誤配防止の対策としてはまずは運送会社側が輸配送に対するプロ意識を徹底させることが重要である。「指差し呼称」で声に出して配送先、配送品をきちんと確認する。「どうせいつもと同じだろう」といった慣れが出てきて、きちんとした確認が行われないとミスも発生しやすくなる。

　ただし、荷主側も「運送会社に無理な要求を押しつけてないかどうか」を注意深く検討する必要がある。ハードすぎる配送スケジュール、配車計画、安すぎる運賃などが配送の質を低下させ、誤配送の遠因となっている可能性がある。

　必要以上のピーク時間帯への指定配送なども輸配送効率を悪化させ、誤配送を誘発する要因となる。誤配送や納品ミスが発生してしまった場合は、迅速に対応し、処理する。またその場合、本来、納品されなければならなかった物品を即座に配送する必要があるが、どのくらいの時間で配送できるのか、可能な限り早くに顧客に連絡する。電話連絡が遅れることで二重クレームに発展するリスクも出てくる。
「配送ミスが発生しているので苦情をいっても、まったく担当者からの折り返しの電話連絡がない」といったケースは最悪といえよう。

　担当者などが不在で折り返しの電話をかける必要がある場合には可能な限り早くに連絡する。目安としては「ただちに折り返し電話いたします」といった場合には5分以内、「のちほど電話します」という場合は30分以内、「後日、電話します」の場合は2日以内を目処に連絡するようにしたい。

　対応が遅れれば遅れるほど、先方は「誠意がない」という思いを強くする。クレームが入ったら、一刻も早く対応する。

具体的にいうと、担当者はまずは配送ミスについて丁寧に詫び、そのうえで経緯報告をしっかりと行うようにする。なおここで気をつけなければならないのは謝罪が先で経緯報告はあとで行うということである。この順序が逆になると相手の感情を害するリスクがある。

　もちろん必要ならば誤納品先に出向き、責任者が直接、誠意をもって謝罪する。さらに同じようなミスが起こらないように、再発防止策を検討することもあわせて、はっきりと伝える。

★ トラックドライバーへのクレーム ➡➡➡➡➡

　納入先などから「トラックドライバーがきちんと挨拶ができていない」、「態度が悪い」などのクレームが出ることがある。

　事実関係をしっかり確認したうえで、トラックドライバーに以後そうしたことがないように注意し、担当者ができれば当該ドライバーを連れて謝りに行くのがよい。

　なお、近年はこうしたトラブルが納入先のトップなどに直接、メールなどで伝わり、話が必要以上に大きくなってしまうこともある。

★ 顧客へのお詫びの仕方 ➡➡➡➡➡

　顧客へのお詫びの手順や方法が間違っていると、どんなに誠実に対応しても、相手は「不誠実だ」、「許せない」という思いを強くし、最悪の場合には取引や契約の打ち切りにもつながりかねない。

　クレームが発生した場合の誤った対応の最たるものとしては、「言い訳をしてしまう」ということがあげられる。

　たとえば、発送品が未着というクレームを受けた場合、「渋滞のために遅れている」とか「繁忙期で忙しい」などの言い訳は、たとえ事実であっても顧客にいうべきではない。同様に「そうした事実は担当者に確認してみないとわからない」、あるいは裁判などになったケースを想定して「現状ではお詫びすることはできません」などという対応も事態を悪化させかねない。クレームが大きくなるケースでは「最初にきちんと謝らなかった」「最初の対応が不愉快極まりなかった」というものが多い。

　クレームについての電話が何度もたらい回しになったり、メールでの苦情が長期間無視されたままになっていたりするのも状況を悪化させる要因となることがある。電話の

転送はせいぜい1回で終わりにしたいところである。その場合、引き継ぎなどの不手際についても謝罪する必要がある。クレーム対応の部署をきちんと設けて、そこでの一元的な対応を心がけるべきである。

　誤配送の際のクレームの確認などに時間がかかることも相手の印象を悪化させる。クレームの確認は可能な限り早く、行うようにする。

　また、クレームを寄せてきた相手に共感し、「誠に申し訳ありません」と頭を下げることが大切である。クレームに対して、反論をしたり、間違いを指摘したりするのも控えたい。

　深々と頭を下げてお詫びしたあと、お客様の言い分をじっくりと聞くことにするとよい。クレームについてポイントを復唱したり、メモをとったり、相づちを打ったりすることも、こちらの対応の誠実さを相手に伝えるうえでプラスとなるだろう。

　なお、クレームのなかには「まったく非がわからない」というものもあるかもしれない。心当たりがないのに相手が一方的に怒ってきたといったケースである。

　その場合でも、とにかく相手の話を丁寧に聞くようにする。そして相手が落ち着いてきた段階で説明、対応する。

　また、どう考えても当方に非がないとしか思えない、あるいは実行不可能なクレームを受けた場合でもまずは聞き役に徹し、必要ならば上司と対応を代わる。それでも問題が解決しないようならば顧問弁護士や警察に相談する。

　なお、文書でのクレームには法務担当者や顧問弁護士に書面、内容をチェックしてもらったうえで、可能ならば持参して渡すようにしたい。

表7-1　配送クレームの種類と対策

項目	対策
未着・配送遅れ	未着の発送品がいつ頃、到着するのか、あるいは紛失などの物流事故が発生していないかを確認し、必要に応じて謝罪し、顧客に迅速に知らせる
品物の汚損・破損	原因を解明し、状況をきちんと丁寧に説明する。必要ならば謝罪する。補償についても荷受人などと相談するようにする
誤配送（誤配）	丁寧に謝罪し、迅速に荷受人に注文通りの商品を配送し直す
ドライバーの態度などへの苦情	事実関係をしっかり確認したうえで、必要ならばトラックドライバーに以後そうしたことがないように注意し、担当者が当該ドライバーを連れて謝りに行くなどの対応を行う

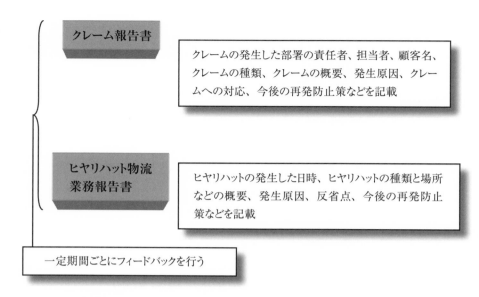

クレーム報告書

クレームの発生した部署の責任者、担当者、顧客名、クレームの種類、クレームの概要、発生原因、クレームへの対応、今後の再発防止策などを記載

ヒヤリハット物流業務報告書

ヒヤリハットの発生した日時、ヒヤリハットの種類と場所などの概要、発生原因、反省点、今後の再発防止策などを記載

一定期間ごとにフィードバックを行う

図 7-1　クレーム報告書とヒヤリハット物流業務報告書

考　察

誤配送が発生した場合にどのように顧客をフォローすればよいのかを考えなさい。

物流業務におけるリスクマネジメント

★ 誤ピッキング対策 ➔➔➔➔➔➔

まず注意したいのはピッキングを行う作業者に可能な限り取り扱う部品についての知識を身につけてもらうということである。

たとえば機械部品の場合、ボルト、ナットなど、大きさは異なるものの、よく似た製品を数多く扱うことになる。

基本的にはバーコードをハンディターミナルなどで読み込むだけなので各部品の知識がなくてもピッキングはできる。

しかし、それでも多頻度小口型の物流を実践する場合、忙しさなどから混乱し、ミスを起こす可能性が出てくる。したがってそれを回避するためには各人に日頃から物流センターにおける仕事の意義を認識してもらい、取り扱う物品に対する知識を高めてもらうようにする。取り扱う物品の知識を整理する勉強会などを行うのも一法である。

保管エリアからピッキングエリアへの移動がスムーズならば、ピッキング作業がしやすくなる。そこでピッキング作業を効率的に行うために保管エリアのレイアウトを工夫するようにする。

たとえば、類似した部品を隣り合わせにしないようにする。「どの部品がどれくらい出荷されているのか」ということを常にチェックし、それまで出荷の多かった部品の出荷量が減少すれば、それにあわせてロケーションを変更していくことも考える必要がある。

部品センターのように比較的、ピッキング点数が多い場合にはロケーションの設定は「一筆書きで歩きながらピッキングができるようなレイアウト」にするのが基本となる。

取扱品目を大幅に増やす場合、新しく取り扱うことになった部品などの保管スペースを計画的に確保していないと、その原則が崩れ、ピッキングの際に右往左往するような状態を招いてしまう。取扱品目が増えたことで各部品の出荷優先度も異なってくるので、それを踏まえて庫内レイアウトや物品の配置を決め直す必要がある。

配送センターなどでは、保管エリアを「ストック保管エリア」と「ピッキング保管エリア」に分割し、ピッキング保管エリアからピッキングにより減少した物品をストック保管エリアから補充するという方式をとるケースもある。

ピッキング保管エリアにはすぐに出荷される売れ筋商品などの出荷量の大きい物品が、ストック保管エリアには定番商品などの安定した出荷量が考えられる物品が並ぶことになる。さらにいえば、ピッキングエリアをバラピッキングとケースピッキングに分割することで補充回数を減らすという方策も考えられる。

★ 物流現場における安全対策 ➔➔➔➔➔

（1）交通事故記録書の作成

物流業における死亡者は全産業の 17% 強を占めている。建設業、製造業に次いで死亡者が多い産業となっている。この点を考慮して、物流センターの作業者やトラックドライバーなどの十分な安全管理が行われなければならない。トラックやトレーラーによる交通事故に十分注意しなければならない。

万が一、業務中に交通事故が発生してしまった場合、事故の状況、被害の詳細、保険関係の確認事項などについて記録しておく必要がある。

事故記録書には人身事故か物損事故か、勤務中か私用か、加害者か被害者かを分類したうえで、発生日時、発生場所、被害者・加害者の双方の氏名、性別、年齢、職業、所属、年齢、車両情報、運転歴などを記載する。事故の概要については略図、写真などを用いて説明する。

（2）フォークリフトの安全管理

フォークリフトやクレーン、昇降リフトなどの操作ミス、転落、転倒などによる物流センター内の死亡事故が報告されている。荷物運搬用の昇降リフトで商品を運んでいる途中に挟まれて死亡するといった事故例も見られる。

フォークリフトの事故の原因としては、不完全な荷積みなどの作業方法の誤り、保護帽の未着用、安全帯の不使用などの保護具の誤り、「木製パレットが腐っていた」「フォークリフトの前照灯がつかなかった」などのフォークリフトやパレットの欠陥、「フロアのくぼみで走行が不安定になった」「庫内の足元が暗くてよく見えなかった」など、物流施設面の欠陥などがあげられる。

作業方法、保護具、マテハン機器、物流施設のすべてが正常であることをたえず確認する必要がある。

事故を防ぐためには従業員の作業熟練度を高める必要がある。同時に安全に対する意識を高める教育、研修、訓練を繰り返し、組織的に行なわなければならない。さらにいえばすでに運転要件である技能講習を修了している有資格者についても定期的に安全教育

を施すことが望ましい。また、クレーンなどを無資格者に操作させることなども絶対に行ってはいけない。

フォークリフトに義務付けされている特別教育や定期自主点検も決して怠ることはできない。安全管理者が不安全であると判断したら作業はすぐさま停止するべきである。不安全と認識しながらも作業を継続することは絶対に避けなければならない。

危険物、高熱物などを取り扱う作業や高所での作業はできるだけ避け、合理化できるかどうかを検討する。

(3) 運搬作業の安全管理

物流センターなどの荷役における運搬作業における事故も少なくない。人力による運搬については安全マニュアルを作成し、それをきちんと守るようにする。

運搬を安全に行うためには、「運搬に適した場所で運搬しやすい荷物を安全な方法で運ぶことができるか」をしっかりとチェックする。

なお、運搬を行うにあたっては、頭上での運搬、後ろ向きでの運搬などは危険な運搬となる。

梱包などがきちんとされていない荷物の運搬も危険である。狭い場所での長尺物などの運搬も避けるようにしたい。また、荷の投げ積み、投げ降ろし、中抜きなども危険なのでやめる。

(4) コンベヤ事故の防止

物流センターのコンベヤに挟まれたり、巻き込まれたりする事故も少なくない。

事故を避けるためには法定点検項目を始業前に点検し、異常がないかどうかを常日頃からチェックする。逸走などの防止装置、非常停止装置などに異常がないかよく確認する。

もちろん、コンベヤには人が絶対に乗ってはいけない。また不安定な荷を搬送する場合には敷き板などを置いたうえで使用するようにする。

(5) クレーン事故の防止

重量物を玉掛けしてクレーンに吊り上げる場合も正しい作業方法を遵守しなければならない。荷の重量はクレーンの吊り上げ荷重以下となるようにする。荷崩れ、荷落下に注意する。

(6) トラック誘導作業

物流センターなどでのトラック誘導の際にも事故が発生しないように注意する。通行

車両、歩行者など、全体の安全状況を確認する監視係を配置する。

　安全にトラックを誘導できるようにトラック誘導の計画をきちんと立て、マニュアルに基づいて誘導を行うようにする。

★ 作業服の正しい着用 ➜➜➜➜➜➜

　作業服をきちんと着用することも重要である。ヘルメットや安全帽などはまっすぐにかぶり、あごひもをしっかり正しく結ぶ。上着はズボンのなかにきちんと入れ、ボタンはしっかり留める。危険物をポケットに入れたり作業服の袖まくりをしたりすることなども避ける。また作業服などは定期的に洗濯を行い、汚れが目立ったり、ほころびが生じたりすることがないように気をつける。なお、作業服が汚れている場合、作業工程に何らかのムダ、ムリ、ムラが存在する可能性が考えられる。

考　察

　安全・安心な物流現場とするためにはどのような視点から対策・対応を練ればよいかを考えなさい。

第 9 章

静脈物流のリスクヘッジ

★ 不法投棄のリスク ➔➔➔➔➔

　静脈物流の構築において不法投棄のリスクが発生することは何としても避けなければならない。

　不法投棄とは廃棄物を適正に処理、処分することなく、最終処分場以外の場所に投棄することである。

　廃棄物は一般廃棄物、産業廃棄物のいずれでも収集運搬から中間処理、最終処分にいたるまで法律で定められた処理基準にしたがって行われなければならない。しかし不法投棄ではこうした処理基準は無視される。

　また、たとえ自社用地などであってもきちんとした許可を得ずに保管、集積することはできません。行き場を失った廃棄物を不適正保管することは許されない。

　不法投棄された廃棄物が大量に野積みされていると、周辺の環境を汚染するおそれがある。水質汚染、土壌汚染、大気汚染などのリスクが高まる。廃品、廃材などが不適正なかたちで野積みされることは避けなければならない。

　「他社よりも安く廃棄物を処理します」という場合、「なぜ安いのか」「適正に処理されるのか」といったことをあらためてよく考える必要がある。

★ 収集運搬事業者などへの委託 ➔➔➔➔➔

　排出事業者が廃棄物処理を専門事業者に委託する際には、許可を得ている事業者かどうかを必ず確認する。収集運搬事業者のみならず中間処理事業者、最終処分事業者についても入念にチェックしなければならない。

　不法投棄の発生しにくい静脈物流ネットワークの構築も重要である。たとえば、排出元から積替え保管施設、中間処理施設までの運搬距離が必要以上に長ければ、不法投棄が発生するリスクが高まる。また、積替え保管施設における保管状況が過剰気味になっていれば、処理能力を超えてしまうので改善が望ましくなる。

★ 不法投棄から原状回復のプロセス ➡➡➡➡➡

　大量の不法投棄が発見されると、まず廃棄物処理法第19条に基づいて立入検査が行われる。不法投棄の現場の状況を把握し、いかに原状回復するかを考えていかなければならない。したがって、現場写真の撮影、廃棄物、土壌、水質などの現況確認や調査、記録などが必要になる。

　立入検査後にはその際に確認された事実などを文書で示し、報告徴収を求める。立入検査で確認された事実、経緯、不明点などを相手側に確認させ、行政処分などの証拠書類などとするためである。なお、報告違反には罰則が設けられている。

　そして大量の廃棄物を撤去しなければならない場合には原状回復のための措置命令や改善命令などの原状回復命令が出される。

　また、排出事業者の責任を追及するという視点から事件の内容、行政の対応、排出事業者責任の確認などについて説明会が開かれることもある。

　近年は多くの自治体では不法投棄を防ぐために監視カメラの設置や監視・適正処理の指導担当職員の増員などを行っている。

★ 適正処理の確認 ➡➡➡➡➡

　産業廃棄物処理業についての優良性評価制度の適合事業者を選択することでも一定の注意義務をはたしたと判断される。

　委託事業者の選択にあたっては、かならず許可証の存在を確認する。

　産業廃棄物の許可品目、有効期限などについてもチェックする。収集運搬事業者については排出場所と処分場所の双方の都道府県（政令市）の許可があることを確認する。

　積替え保管施設の保管上限、中間処理施設の処理能力、最終処分場の埋立容量についても把握しておく。書類のみの確認ではなく、処理施設や処分場の現場に出向くようにする。委託前のみならず委託後にも現場を見ることで適正処理が行われたことを確認する。

　委託契約書、マニフェストについても適切であるかどうかをチェックする。委託契約書は必ず作成しなければならない。契約日、契約期間、産業廃棄物の種類、数量、金額などが正確かどうかを確認する。許可証の写しが添付されていなければならない。

　紙マニフェストについては記載が正確かを確認する。また期限内にB2票、D票、E票が戻ってくるかに注意し、戻ってこなければそれがなぜなのかを迅速に調べる。電子マニフェストの場合は収集運搬および処分の終了日から3日以内に報告があるかどうか

をかならず確認する。

　また、産業廃棄物処理事業者には帳簿備付け、保管の義務もある。念のため、きちんと作成、保存されているかどうかを先方の担当者に確認しておく必要がある。

★ 不法投棄物の撤去 ➡➡➡➡➡➡

　不法投棄物を完全に撤去し、有害物などのさまざまなリスクを取り除くためには多大なコストがかかる。そこでその財源を確保する狙いから、国庫補助により産業廃棄物適正処理推進センター基金制度が設立された。同基金制度には産業界からも資金が提供されている。各自治体の支障除去、原状回復事業に対しての支援が行われている。

　また各自治体は不法投棄の防止策として、監視パトロールの強化、行政処分の徹底、警察との連携による取り締まりの強化などを行っている。RFID（非接触タグ）などを用いた不法投棄の防止システムの開発、研究、実証実験なども進められている。

★ 感染性廃棄物 ➡➡➡➡➡➡

　医療関係機関などから排出された廃棄物のなかには人に感染するリスクのあるものもある。そうした廃棄物のことを「感染性廃棄物」という。

　そして感染性廃棄物の分別、保管、収集運搬、再生、処分についても、感染拡大などが起こらないように適正処理を行うことが求められている。環境省は「廃棄物処理法に基づく感染性廃棄物処理マニュアル」を発行している。

　同マニュアルによると、感染性廃棄物の判断は、形状、排出場所、感染症の種類という３段階のチェックにより、行われる。

　形状のチェックとしては、廃棄物が血液、血清、血しょう、体液など、あるいは臓器、組織、皮膚などに該当すれば感染性廃棄物となる。また病原微生物に関連した試験や検査などに用いられていたり、血液などが付着していて鋭利な形状なものであったりしても感染性廃棄物となる。

　排出場所については感染症病床、結核病床、手術室、緊急外来室、集中治療室などで治療、検査などで使用されたあとに排出されたものならば、感染症廃棄物となる。

　感染症の種類については、指定感染症などの治療、検査などに使用されていたものなどが感染症廃棄物となる。もちろん、以上のいずれにも該当しなければ感染性廃棄物とはならない。

感染性廃棄物の保管に関しては、病院などの医療関係機関などにおいて、それ以外の廃棄物と分別したうえで、専用の保管容器に入れる。ただし、長期間にわたって大量に保管するのではなく、可能なかぎりすみやかに収集運搬する。廃棄物の飛散、流出について通常の廃棄物以上に細心の注意を払う必要もある。保冷機能がついている運搬車両が用いられるケースも増えている。

★ 海外での不法投棄 ➜➜➜➜➜

　経済のグローバル化の流れのなかでリサイクル目的の廃棄物の輸出入は増加傾向にあるが、それが不法投棄の温床となっているという指摘もある。各国の廃棄物処理については認識の差、温度差などがあり、再生資源としての廃棄物の輸出入が容易ではないケースも多々、存在する。リサイクルやリユースが不可能な廃棄物が再生可能な資源として輸出されてしまうこともある。

　わが国では再生資源化された有価物と廃棄物は区別されているが、アジア諸国のなかには有価物となりうる中古品なども廃棄物の一部とみなす国もある。中古品が短期間で廃棄物となる可能性も高いために輸入規制が行われているケースも見られる。自国の産業保護のために中古品の輸入に規制がかけられることもある。

　また、不正に輸出された有害廃棄物が発展途上国で長年にわたって過剰集積されたり、放置されたりし、周辺環境などに甚大な被害を及ぼすといったトラブルも発生している。大量の医療系廃棄物や生活ごみなどが古紙、あるいは再生利用が可能な廃プラスチック類などの名目で輸出されるということもある。

　先進国から発展途上国などへの違法な廃棄物原料の輸出では登録されていた品目と実際に輸出入された廃棄物の種類が著しく異なることがある。そのためさまざまな名目で生活ごみや有害廃棄物が輸出されることもある。国際的な取り決めであるバーゼル条約で有害廃棄物の輸出入が規制されていることをしっかりと認識しておきたい。

考　察

　静脈物流におけるリスクマネジメントについて事例を交えて説明しなさい。

第10章

物流センターの火災・労災対策

★ 火災対策の徹底 ➡➡➡➡➡

　物流センター管理を行うにあたって、火災のリスクに十分備える必要がある。

　物流センターは一般の建設物に比べて、大きな建物であるわりには窓、出入口などが少ないため、火災が発生すると迅速に逃げることが難しくなることが少なくない。また、オフィスビルなどに比べて従業員が少ないために火災の発見が遅れ、初期消火活動や火災通報がスムーズに進まない恐れもある。しかも発見が遅れると、消火器やスプリンクラーなどだけでは鎮火が難しくなる。庫内が高温化しやすい。さらにいえば窓がないために排煙設備がしっかりしていないと、有毒ガスもまん延しやすくなる。

★ 喫煙管理の必要性 ➡➡➡➡➡

　したがって、日頃から火災が発生しないように庫内作業者の喫煙管理などについて十分な措置をとる必要がある。

　まず物流センターとその周辺は禁煙とし、喫煙は指定の場所のみとする。指定場所以外での喫煙者を見つけたら、必ず注意するようにする。

　喫煙場所の表示は明確にし、5S（整理・整頓・清掃・清潔・躾）を徹底する。とくに吸殻管理は入念に行いたい。灰皿には必ず水をはり、消化用具を近くに置くようにする。荷扱いを慎重にしなければ火災を招くことになりかねない貨物については十分にその取扱いに注意するようにする。

　消防法で危険物に該当する危険物は危険品倉庫に保管することも忘れてはならない。そのうえで貨物の特性を理解して、庫内の換気、温度、湿度などを適正にするのである。

★ 地震対策のさらなる充実 ➡➡➡➡➡

　今後の地震についても十分な防災対策が必要である。物流センター、倉庫は地震の影響の荷崩れでオペレーションに大きな影響が出ることが少なくない。また、作業者庫内

の荷崩れ、ラック、自動倉庫などの倒壊で被災するリスクが小さくない。

防災対策として、センター単位で防災訓練、防災教育をしっかりと行っておく必要がある。消化用具の使用方法は庫内従業員全員が熟知していることが望ましい。

保管については、たんなる段積みは地震に弱いので地震の際の荷崩れの防止を想定した、はい付けが望ましい。交互ブロック積み、レンガ積み、ピンホイール積みなどを採用することでリスクを軽減できる。

また過度な高積みは避けたい。やむを得ず棚上の保管を行う際には落下防止柵や滑り止めを設置するようにする。

メザニン（中二階）は耐震性が弱いことがある。柱の上下固定などがしっかりしているか、定期的に確認するようにする。

重量物については下段保管を原則とし、荷重制限をきちんと守り、長尺物では2か所止めを行うなど、貨物ごとの物流特性を考えた耐震対応の保管方法をとる。荷姿、貨物の物流特性に適合したパレットを使うということも重要である。

★ 庫内作業における労災防止 ➔➔➔➔➔➔

物流業は建設業、製造業に次いで死亡者が多い産業となっている。この点をふまえ、労災防止を行う必要がある。

まず、トラックやトレーラーによる交通事故には十分注意しなければならない。

また、フォークリフトやクレーン、昇降リフトなどの操作ミス、転落、転倒などによる物流センター内の死亡事故が報告されている。荷物運搬用の昇降リフトで商品を運んでいる途中に挟まれて死亡するといった事故例も見られる。

事故を防ぐためには従業員の作業熟練度を高める必要がある。

同時に安全に対する意識を高める教育、研修、訓練を繰り返し、組織的に行わなければならない。安全管理者が不安全であると判断したら作業はすぐさま停止するべきである。不安全と認識しながらも作業を継続することは絶対に避けること。

危険物、高熱物などを取り扱う作業や高所での作業はできるだけ避け、合理化できるかどうかを検討する。

標準作業を設定し、無理で不安全な作業を行わないことを徹底することも重要である。作業手順書を作成する必要もある。そしてそのうえで安全確認を進めていく。機械や設備の使用状態を一定期間ごとに点検することを怠らないようにする。

ミスのないパレットの取扱い

　物流センター内の運搬や保管、荷役にパレットは欠かせないが、パレットに RFID を付着することによって情報ネットワークをこれまで以上に強化していこうというわけである。

　そこでまずは基本的なことではあるが、簡単にパレットについて整理しておくことにする。

　パレットはフォークリフトなどと組み合わせて活用することでその機能を増幅することが可能となる。パレットの材料には木製、プラスチック（樹脂）製、金属製、紙（段ボール）製がある。以下、材質別のパレットの特性をまとめておく。

① 木製パレット：頑丈でコストもかからないが、湿気に弱く木くずが出やすいなどの欠点もある。

② プラスチック製パレット：「木くずが出ず軽く、しかも腐らない」「釘が出ることがない」などのメリットがある。そのためコストパフォーンマスが高く、多用され始めている。

③ 金属製パレット：スチール（鉄）、アルミニウムなどが用いられる。パレット自体のコストは高くなるが、「強度があり長持ちする」「寸法や重量が常に一定で荷役がしやすい」などのメリットがある。

④ 紙製パレット：環境武装を意識して用いられることが多い。使い捨てが容易で再生材なども用いられる。ちなみに、パレットの形状からたとえば平パレットの種類について二方差しパレット、四方差しパレット、けたくり抜きパレットなどに分類することができる。

　さらにはボックスパレット、シートパレットなどもある。なお、パレットには保管機能もあり、平置きではパレットを利用し、基本的にその上に物品を置く方式がとられる。

```
┌─────────────────────┐
│   パレットの活用      │
└─────────────────────┘
          ⬇
┌───────────────────────────────────┐
│ ・庫内荷役の効率化                 │
│ ・トラックからの積込み、積卸し作業の負担軽減 │
│ ・先入れ先出しなどの円滑化         │
│ ・物品の保管の円滑化               │
└───────────────────────────────────┘
```

図 10-1　パレットの用途

（1）使用前の確認

　　パレットの使用に際しては損傷、腐食、変形、あるいは、木片などの付着、その他の異常などがないかを入念にチェックする。

　　また、最大積載量以上の荷物を載せてはならない。

等分布荷重（貨物が積載面全体に積み付けられた状態）で指定積載量を超えないように使用する。指定荷重重量を超えない範囲でも片寄り積みや集中荷重によって荷崩れや破損を招く恐れがあるので避ける。

例）　木製パレット　作業時　１トン　静設置時　４トン（４段積み）

（2）作業にあたっての注意

　　平坦な床面で使用する。凹凸が激しかったり、傾斜面などでの平置きをしたりしない。フォークリフトのフォークは左右均等・平行に差し込む。バックレストに接するまで差す。

　　空パレットを適量以上に高く積み上げることは危険である。倒壊などの恐れがある。やむを得ない事情でそれよりも高積みする場合にはパレットがスライドして落ちてこないように十分に注意する。ネステナーを使い２段積み、もしくは３段積みをするとパレット直積みと比べると安定させた状態で保管が可能になる。

　　また、パレットのうえに作業者が乗ってはいけない。作業目的などでパレットの上に人が乗るのもパレットが破損する恐れがあるばかりではなく、たいへん危険が伴うことになる。

危険な作業

① 「立パレ」（立ててパレットを使うこと）などの禁止

　　運搬・輸送中などに荷崩れを防ぐため、荷台の隙間に緩衝材代わりにパレットを挟んだり、荷台のスペースの間仕切りに使ったりしない。ばら降ろしが済んで空いたパレットを、荷台の壁に一時的に立て掛けておくこと（立てパレ）は控える。

② 空パレットの投げおろしの禁止

　　トラックの荷台などから空パレットを投げおろすとパレットが破損する恐れがある。

③ フォークリフト走行中の荷すくいの禁止

　　フォークリフトを走行させながらパレットをすくうと、パレットの脚の摩耗や破損につながる。またパレットを引きずったり、フォークリフトのツメをぶつけたりしない。

④ その他　本来の用途以外での使用の禁止

　　パレットは本来の使用目的通りに使う。パレットを柱などに立てかけ、フォークリフトの衝突の緩衝に使ってはいけない。

考　察

　　物流倉庫で火災が発生した場合に想定されるリスクを説明しなさい。

第11章

庫内改善によるリスクヘッジ

　庫内現場改善を成功させるには、「こうしたらたぶん効率化が図れるだろう」とヤミクモに改善を始めるのではなく、「このような方針で改善を進めれば、十分な成果が期待できる」といった具合に改善の最終ゴールをイメージしながら方針を立てることが大切である。また、マテハンやフォークリフトなどの導入や活用についても方針を整理しておいたほうがよいだろう。最先端の物流施設はそうした庫内の現場改善の方針を適切にサポートしていく機能を持ち合わせているともいえる。

★ 「3定」方針を徹底 ➜➜➜➜➜➜

　定位・定品・定量をあわせて3定という。3定を行うのはまず、どこに何をいくつ置くかということをしっかりと決める。そしてそのうえでラックを活用したり、白線を引いたり、ファイリングを行ったりといった置き場所の整理を行う。

　ラックなどについては所番地を行い、ロケーション管理に組み込むことも一法である。またラックには品目表示を行い、置かれている物品には棚板には品目表示をするように、あわせて最大量と最小量、最適量などを明示するようにすると見た目ですぐに作業者が判断できる。「すぐ見てわかる状態でどの作業者でもすぐにわかり、またもとに戻す必要があるならばすぐにもとに戻せる」ということが重要になってくるわけである。

　3定をきちんとすることで荷繰りや荷探しが減少する。荷繰りとはたとえば、ある保管品を取り出す際にその保管位置の手前などにある物品を一時的に別の場所に移動させることなどを指す。意味のない仮置きのことである。

　また、荷探しとはその名の通り、「荷物を探す手間」のことである。「どこに保管物があるのかわからない」という状態では入出庫処理やピッキング作業が円滑に進まない。「どこに何が保管されているかが瞬時にわかり、それをスムーズに出し入れできる」というのが最善の保管状態といえるわけである。

　たとえば段ボールで保管物を段積みしておくと、最初に定めた保管場所以外の通路などに一時的に別の保管物を置かなければならなくなる。そうなれば通常の保管品を取り出す場合には手前の通路の物品を一度、移動させる必要が出てくる。

しかしこれでは通路の物品にかかる移動時間が相当なものになってしまう。また、通路が死角になって「保管物がきちんとそこにあるか」ということがわからなくなることもある。

　作業者の残業代などがかさんでしまうことにもなりかねない。フォークリフトが通路に入ることができなくなるので手荷役を余儀なくされ、作業効率も悪くなる。

　しかも、通路に保管物を置かないようにすると、ピッキングをするのに手間がかかり、場合によっては危険な高積みをすることになってしまうかもしれない。

　こうした保管の非効率性を改善する対応策として固定ラックの導入があげられる。固定ラックを導入することによって、たんに段積みよりも保管効率を 20% 程度向上させることも可能となる。作業時間が大きく削減されることにもなる。

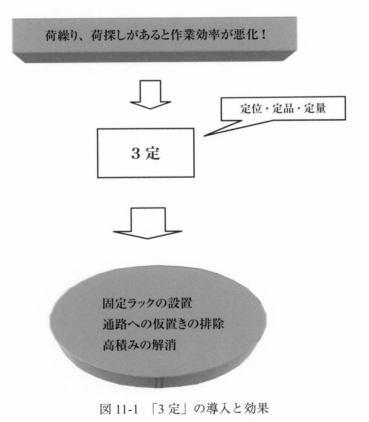

図 11-1　「3 定」の導入と効果

★ 「5S」を軸にした改善プロセス ➡➡➡➡➡

　物流改善を進めるにあたって、まず庫内を見回して、「効率的な作業動線がきちんとできあがっているか」ということを考えてみよう。

庫内の作業台、作業スペース、保管棚などのレイアウトに大きな問題が潜んでいるというケースが少なくない。

　さらにいえば次に作業にあたって、「どのような手順で何をどうすればよいのか」ということがはっきりわかるように明示されているかどうかということを考えてみるとよい。いわゆる見える化ができているかどうかである。

　「うちの会社ではすべて必要事項は掲示してあるから見える化は完ぺきである」という会社でも、実際の作業者の目から見ると、「指示が小さくてすぐに読めない」「品目表示が角度によって見えないことがある」などということもある。だれもがすぐにわかるように明示されてなければ完全なる見える化とはいえない。「いかにすれば作業者がストレスなく瞬時に状況を理解できるか」ということを常日頃から考えることで身近な視点からの物流改善が実践されることになるわけである。5S（整理・整頓・清掃・清潔・躾）を実践するためのしっかりした道筋が示されているかどうかが重要になるのである。

　また、5Sのなかの整頓を徹底させるための基本概念である3定（定位・定品・定量）を徹底させていくと、物流現場で必要なモノがどこにどれくらいあるのかが明らかになり、作業効率も向上する。

　さらに、いえばちょっとした「現場の工夫」を物流プロセスに加えることで作業効率を向上させることを考えるようにする。フォークリフトの爪を工夫して物品にキズがつかないようにしたり、かご車の収納方式を改善して類似品の混同を防止したり、ちょっとした工夫で作業効率は格段にアップする。フォークリフトやかご車などだけではなく、たとえば流通加工のプロセス全体や配送ルートなど、物流現場のしくみについての改善も可能である。無論、こうした物流現場の改善をじょうずに進めるには現場力のアップも不可欠である。作業者が一丸となって、「どのようにすればよりよい物流現場となるのだろうか」という発問を自らに課していくことがなによりも大切になってくるわけである。

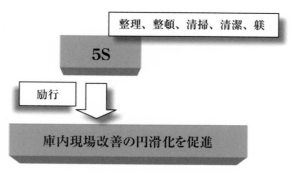

図 11-2 「5S」の励行

★ 「高さロスと間口ロス」に対する考え方 ➜➜➜➜➜

　倉庫・保管コストが膨らむ原因として、「保管場所が明確に定められていない」、「部品、製品などと棚などの保管サイズが合っていない」、「保管スペースが有効に活用されていない」などが考えられる。

　保管効率を上げるための大前提として、部品センターや物流倉庫の整理・整頓を徹底して行う。ラック（棚）を適切に導入することでも相当なコスト削減が可能になる。

　高さロスは 10% 以下が理想的である。具体的にいうと固定ラックなどを設置する場合は、保管エリアの有効梁下高さ（一般的な物流倉庫では 5~6m）と物品を保管するラックの最上段の高さの差が可能な限り小さくなるようにする。天井とラックの最上段の間にムダな空間がなるべく生じないようにする。そうすることによって保管効率を高めるのである。ただし、「保管スペースがないから」という理由で通路にまで段ボールを山積みするのは避けたい。一見、保管スペースを有効利用しているように思えるが、出入荷などの作業効率が低下し、逆効果になることが多い。「どこにどの物品があるのか」ということがわからない状況ではピッキングミスや誤出荷などが多発することになる。無論、そのためにトータル物流コストがかえって上昇してしまうリスクも高まる。

　さらに、ラックの実在庫状況を常にチェックし、物品が保管されていない「歯抜け」のラック間口が発生していないか、入念に注意する必要もある。物品の実在庫以上に各物品のラック間口を大きく取ればスペースのムダ使いとなる。歯抜けが多ければ高さロスがなくてもスペースロスが大きくなる。ラックの仕切りも適時、調整するようにしたい。できれば歯抜けによるスペースロスは 30% 以下に抑えたいところである。

　また、長期間使用していない部品在庫などを思い切って廃棄することも、結果として保管スペースの有効利用につながる。

図 11-3　「高さロス／間口ロス」の注意

★ マテハン機器の導入の方針 ➡➡➡➡➡➡

　マテハン（マテリアルハンドリング）機器とは、工場や物流センターなどの物流業務の作業効率化を推進するために用いられる自動倉庫、ラック、ピッキングシステム、フォークリフトなどの総称である。庫内現場改善においては「マテハンを導入すればそれですぐに改善が実現する」という短絡的な考え方ではなく、「マテハンをどのような方針でどのような視点からどのように目標を設定して導入するべきなのだろうか」というマテハン導入後の成功イメージを可能な限り具体的に作り上げることが重要になってくるのである。

　マテハンを適切に導入し、うまく使いこなすことができれば、入出庫、格納、ピッキングなどの場内、庫内の諸作業の自動化、省力化、コスト削減や一連の荷役作業を機械化することで人件費の削減や作業スペースの節約、保管効率の向上などが可能となる。

　たとえば、ピッキング作業ではデジタルピッキングシステムの導入で労働集約的な作業の大幅な省力化が行える。物流効率化におけるマテハンの果たす役割はきわめて重要といえよう。ただし、ヤミクモなマテハン機器の導入は逆に作業効率を低下させる要因ともなりかねない。

　導入にあたっては、それぞれのマテハン機器の特徴を十分把握したうえで慎重に行わなければならないのである。物流プロジェクトとリンクさせたかたちで戦略的で効率的な導入を進める必要があるわけである。

図 11-4　マテハン機器の導入方針

★ フォークリフトの活用の方針 ➡➡➡➡➡➡

　フォークリフトは工場や倉庫の運搬、搬送の重要なツールである。フォークリフトの稼働率についても注意する必要がある。フォークリフトの使用台数が多すぎることがあるからである。

そこで場内、庫内を見渡し、まったく稼動されていないフォークリフトや荷物を運ばずただ旋回しているだけのフォークリフトがないかどうかを常に注視する必要がある。

　故障が多く修理ばかりしているというケースもある。故障が多ければ、フォークリフトの台数も必然的に多くなる。コスト高の大きな要因となる。フォークリフトの故障を最小限に抑えるためには入念なメンテナンスが必要になる。定期点検をきちんと行い、点検、整備体制を充実させることが結局はコスト削減につながる。また、保管効率を高めれば、それだけフォークリフトの移動・走行距離も短くなる。使用台数も削減できる。

　「必要なフォークリフトの台数やその活用目的を整理し、庫内の適切なエリアに適切に使いこなせる作業者にしっかりと管理、活用させる必要がある」ということを強く認識する必要がある。

図 11-5　フォークリフトの活用方針

　庫内現場作業改善を効果的に実現させるには、3定や5Sの考え方を理解し、スペース管理やスペース活用の方針を入念にまとめ、マテハン機器などを適切に使いこなす必要はある。無論、現代的な物流施設を活用することによって、庫内現場改善がストレスなくスムーズに成し遂げられることにもなるわけである。そしてこうした対応が物流施設全体におけるリスク低減に貢献することになるのである。

考　察

　リスクマネジメントの視点から庫内作業改善における工夫を具体例を交えて説明しなさい。

第12章

リスクを最小化する輸送包装の実践

　輸出用包装・梱包はコンテナ単位での対応が基本だが、パレットに加えて、スキッドもよく使われる。また、静脈物流では通い箱や専用コンテナ、あるいは専用のドラム缶などが使われるケースも少なくない。さまざまな物流容器の特性を十分に把握して、物流ツールを適切に活用し、現場改善に生かすことで現場リスクの低減に努めることになる。

★ コンテナの種類と活用 ➡➡➡➡➡➡

　コンテナの用途はさまざまで国内の陸上輸送、海上輸送、国際輸送などに活用される。トラック輸送では鉄道コンテナ、トレーラー輸送では海上コンテナが運ばれる。

　鉄道コンテナは、鉄道貨物を運ぶコンテナだが、トラック輸送とリンクさせることにより、環境にやさしいモーダルシフト輸送を推進できる。

　コンテナの種類については、鉄道コンテナでは、12フィートコンテナ（5トンコンテナ）がもっとも一般的なコンテナで、T11型パレットならば6枚の積み付けが可能である。20フィートコンテナは海上コンテナと同サイズで、T11型パレットで、10枚の積み付けが可能である。また、31フィートコンテナはトラックならば10トン車の積載量に相当し、T11型パレットで16枚の積み付けが可能となっている。

　海上コンテナについては、20フィートコンテナ、40フィートコンテナが主力となり、通常のコンテナであるドライコンテナに加え、リーファー（冷蔵）コンテナ、ハンガーコンテナなどもある。（表12-1参照）

　航空コンテナでは、飛行機の積荷ラッシング装置に固定できるタイプのもの（イグルー）やパレットとネットを組み合わせたタイプ、主部貨物室用、下部貨物室用などがある。

　近年の傾向としては、2005年には45フィートコンテナがISO規格となり、その使用も増えてきている。45フィートコンテナは40フィートコンテナに比べ、純積載容積が約13％増えることから比較的軽量な貨物を大量に運ぶことに適しているといわれている。ただし我が国では道路運送車両法などの保安基準を満たせず、港頭止まりで一般公道での走行は認められていない。

なお、JIS 規格に加えて、海外コンテナの場合は ISO 規格もある。

　ちなみに海上コンテナ貨物に発生すると思われる損害には雨水、海水などがコンテナ内に入り込む「ぬれ損」、コンテナ内の積み付けがしっかり行われていなかったり、個品単位の包装が不適正であったりしたために生じる破曲や擦りキズ、外気の湿度の変化などが原因でコンテナ内に結露が生じる「汗ぬれ損」などがある。

　海外への輸出貨物の場合、「コンテナ内の充填率をいかに高くするか」という工夫と、「コンテナ内の貨物の破損、汚損、ぬれ損などをいかに回避するか」ということが、きわめて重要になる。

　ちなみに、輸入貨物などが国内でトレーラー輸送が行われる際に、目的地で空になったコンテナ（空コンテナ）をいかに効率的に港湾エリアまで戻すかということも課題となっている。

　さらにいえば、コンテナからの荷卸しもパレットで積みつけられていて、フォークリフト荷役が可能ならば作業負担は軽減されるが、バラでの荷卸しなどの場合はドライバーや作業者の大きな負担となってしまうという課題もある。

表 12-1　海上コンテナの種類（ISO コンテナ規格）

種類	最大総重量	海上コンテナの自重
20 フィート (6,096mm)、40 フィート (12,192mm) の 2 種類が中心 ・ドライコンテナ（有蓋コンテナ） ・リーファーコンテナ（低温輸送） ・サーマルコンテナ（冷蔵コンテナ）	20 フィート： 20,320~30,480kg 40 フィート： 24,000~30,480kg	（ドライコンテナ） 20 フィート：約 2,300kg、40 フィート：約 3,800kg （リーファーコンテナ） 20 フィート：約 2,800kg、40 フィート：約 4,200kg

★ 輸出貨物などへのスキッドの活用 ➜➜➜➜➜➜

　輸出梱包の種類については、表 12-2 のようにまとめることができるが、輸出用貨物にはスキッドも多く使われる。

　スキッドはパレットと似た形状だが、下板がないために段積みをすることはできない。コンテナ内などで輸出貨物を載せて活用する。

　スキッド梱包は輸出貨物などのフルコンテナ輸送に対応した梱包方式で、下板がないことでパレットに比べてコスト安となる。必ずしも箱詰め包装が必要ではない場合などに活用される。国際物流における梱包は国内用貨物の梱包とは区別して行われる。輸送

時間・期間が長くなったり、通関に時間がかかり、保管期間が延びたりする恐れがあるからである。

　また、国内に比べて雑な荷扱いが行われたり、荷役業務が想定以上に激しくなったりして、国内輸送では考えられないほど、輸出製品がダメージを受けるリスクもある。

　その点をもふまえ、金属製品、機械類などについては、結露、雨濡れなどが原因で製品に錆が発生しないように防錆対策にも配慮しておかなければならない。バリヤ材で包み、乾燥剤を入れ、熱封緘したバリヤ梱包なども行われる。

図 12-1　スキッドの特徴

　さらにいえば輸出国によっては、木箱、木製パレットなどはきちんとくん蒸処理を行わなければならない。梱包材に問題が生じていると輸入国側で判断された場合、再梱包料金や積み戻し料金が発生することもある。

　梱包条件は商品売買などの契約の際に決められる。梱包重量、サイズなどについて注意する必要がある。貨物自体の重量、容積のみならず、梱包材込みの重量、容積も重要になる。運賃などには梱包分の重量、容積なども反映されることになるからである。

表 12-2　輸出梱包の種類

梱包の種類	解説
パレット梱包	輸出貨物の梱包としてはもっともオーソドックスな方法。段ボール箱などに入れられた貨物をパレットに積み付けて、PP バンド、ストレッチフィルムなどで固定する
スキッド梱包	コンテナを外装容器と見なし、木箱などで外装することはせずに、スキッドに貨物を固定し、コンテナで輸送する
木箱梱包	内容物が見えないように木箱で密封、梱包。精密機器、重量物などの海外輸出に用いられる
バリヤ梱包	輸出梱包木材の規制のある国への輸出に際してはくん蒸処理、熱処理が必要 バリヤメタルで貨物を覆い、梱包。船便など、湿気に弱い貨物の輸出などに用いられる

また貨物には荷印がつけられる。インボイス、船荷証券などにも荷印は使われる。

ちなみに荷印とは、貨物につけられる荷札のことで購入者名、製品名、原産地、陸揚地、梱包番号、契約番号が記され、貨物がどのようなものなのかがわかるようになっている。混載の仕分けで誤配送などの混乱を起こさないように荷印には気を使いたいところである。

なお、輸出国にはそれぞれ梱包規制があり、たとえば、北米では非加工木材による梱包材について動植物検疫の立場から国際基準に沿った内容で、消毒とその承認のマークが義務付けられている。欧州連合 (EU) でも針葉樹の木製梱包材について所定の熱処理、くん蒸処理が義務付けられている。

そして中国でも日本、韓国、北米、EU からの船積みの木製パレットなどを含む針葉樹木材使用の木材梱包の熱処理が義務付けられている。また針葉樹以外の木材梱包については非針葉樹の木材梱包であることなどを通知する必要がある。加えて、梱包に木材を使用してない場合も、「無木材使用声明」を提出しなければならない。

★ 包装適正化と静脈物流の改善 ➔➔➔➔➔

図 12-2 のように包装、梱包を工夫することで動脈、静脈をトータルで考えた物流ネットワークの構築を進めるうえで包装、梱包の工夫は多くのメリットを生み出す。

静脈物流の場合、段ボール箱などは、工場、物流センター、店舗などへの入荷後には多くの場合、廃棄物として処理されることになる。そして使用済み段ボールなどの積替え保管場所を充実させたり、中間処理設備を併設したりすることで静脈物流ネットワークへの連動を円滑化させることが可能になる。

静脈での包装機能の維持：内装箱と外装箱の間を紙、気泡緩衝材で埋めることがよくある。しかしそれでは納入先で大量の廃棄物が排出されることになってしまうが内装品箱を PP バンドで固定すれば緩衝材が不要となり、コスト削減にもつながる。PP バンド、ガムテープ、OPP テープ、ストレッチフィルムなどは荷姿が不安定、あるいはばらばらである貨物をまとめ、荷崩れなどを防ぐ機能がある。

なお、PP バンドなどは基本的には使い捨てとなり、したがって使用量が多ければ環境負荷も高くなる。そこでその点を意識して再利用素材で作られた商品が増えている。

また、通い箱を導入することで包装コストの削減と積載効率、保管効率、作業効率の向上と関連経費の節約を同時に推進することが可能になる。

さらに静脈物流の視点からの段ボールの再利用も行われる。段ボールはほぼ 100% のリサイクルが可能である。回収率は 95% 以上で、さらに「段ボールは段ボールから生

まれる」といわれるように古紙利用率も 90% 以上である。古紙回収からのリサイクル過程もしっかりと確立されている。

　物流センター内などに産業廃棄物の処理システムを導入することで使用済みの段ボール、梱包材、パレットなどを効率的に再生資源化することが可能になる。使用済みの段ボールや梱包材などを買い取ってもらい再生利用するのである。段ボールなどはきちんと分別して圧縮減容機で圧縮梱包することで有価物として売却することが可能になる。

　また、梱包材などに使われる発砲スチロールについては電熱で溶解減容することで有価物として処分することが可能になっている。

　無論、物流改善などを徹底して行うことで少量化することも可能である。プラスチック製の通い箱などを積極的に導入することで、段ボールの使用量を削減していくのである。

　包装材のワンウエイからリターナブルへのシフトを進める物流改善を行うことで段ボール使用量の適正化を実現することが可能となる。

　他方、パレットの材料には木製、プラスチック製、金属製、紙（再生段ボール）製があるが、リサイクルとの関係でもっとも注目度が高いのは木製パレットである。輸出用としてワンウエイで使われる木製パレットやスキッドをいかに使用後に再活用していくかという視点である。この点について、廃棄物処理法の改正で物流センターなどから出る使用済み木製パレットは事業系一般廃棄物から産業廃棄物となり、再利用がしやすくなった。燃料チップなどに資源再生利用する選択肢が容易となったのである。循環型社会のなかで使用済み木製パレットをうまく処理できるスキームが出来上がりつつあるといえよう。

図 12-2　静脈物流における包装適正化の方策

包装は物流の5大機能（輸配送、保管、荷役、流通加工、包装）の1つであるが、従来は輸配送や保管の陰に隠れた存在で効率化、高度化の方策は遅れていた。

　しかし近年のロジスティクス改革では、IoT（モノのインターネット）との連携による貨物情報の可視化に焦点が合わされている。すなわち、IRFIDなどを物流容器に組み込むことでトレーサビリティや見える化、5Sを徹底しようという流れが加速してきたのである。

　そしてそうした状況のなかで、輸送包装に関する注目度も高まってきた。コンテナやパレットにIRFIDをつけて、貨物追跡や在庫管理を行うことが可能になってきたわけである。同時に物流における包装の機能も従来の枠組みを大きく超えようとしている。通い箱、」レンタルパレットなどはこれまでワンウエイといわれていた物流容器の常識を覆してきたのである。今後、物流容器はさらに多機能化を遂げていく可能性が高い。貨物の保護というリスク回避機能に加えて、在庫、出荷、検品などに際して、その情報をサプライチェーン全体で共有するための中核的な機能を有することになる可能性が高い。

考　察

　物流におけるパレットの機能を説明しなさい。

第13章

リスクを軽減する荷役実務

　物流センターにおける保管・荷役実務に関するマテハン機器にはラック、自動倉庫、デジタルピッキングシステム、デジタルアソートシステムなどがある。いずれも物流現場のオペレーションの効率化や改善にあたっては花形的存在である。

★ラックの種類と活用 ➔➔➔➔➔➔

　物流センターなどで適正な保管を実践するためにはラックを適切に活用することが重要である。

　ラックを設置する場合は、保管エリアの有効梁下高さと貨物を保管するラックの最上段の高さの差が可能な限り小さくなるようにする。天井とラックの最上段の間にムダな空間がなるべく生じないようにする。そうすることによって保管効率を高めるのである。

　平屋倉庫の場合は固定ラックにパレットで四段積み、多層階の場合は3段積みが効率的である。

　また、天井が低い場合には各段の高さを工夫することになる。たとえば、倉庫の有効高さが5mしかないならば、出荷量の多い貨物は2m程度とし、残りの2段を1.1~1.5mとすれば効率的な3段積みとすることが可能である。

　なお、「保管スペースがないから」という理由で通路にまで段ボールを山積みするのは避けたい。一見、保管スペースを有効利用しているようだが、出入荷などの作業効率が低下し、逆効果になることが多い。「どこにどの貨物があるのか」ということがわからない状況ではピッキングミスや誤出荷などが多発する恐れが出てくる。

　さらに、ラックの実在庫状況を常にチェックし、貨物が保管されていない「歯抜け」のラック間口が発生していないか、入念に注意する必要もある。貨物の実在庫以上に各貨物のラック間口を大きく取ればスペースのムダ使いとなる。

　ラックの設置にあたっては入出庫に際してラックが大きく揺れたり、ラックに歪みやガタツキが生じたりすることがないように十分、注意しなければならない。

　ラック（棚）の設置にあたっては入出庫に際してラックが大きく揺れたり、ラックに歪みやガタツキが生じたりすることがないようにする。ラックが歪んでいる場合、レイ

アウトを変更しても組み立て直すことが難しくなる。

　表 13-1 に主要なラックの種類と用途についてまとめた。なお、ラックには 1 棚あたり 500kg を超える重量ラック、150kg 超 500kg 以下の中量ラック、150kg 以下の軽量ラックがある。

表 13-1　ラックの種類と用途

種類	解説
パレットラック	主にパレットに積載された貨物の保管などに用いられる積載荷重が 500kg 棚を超えるラック
移動ラック（モービルストレージラック）	棚がレールに乗っていて移動できるラック。保管免責が小さくても、多くのラックを設置できるので、保管効率を高める必要がある小規模な物流倉庫などに向いている。入出庫時にラックを移動させることができる
流動ラック（フローラック）	荷受レールの代わりに入庫側から出庫側にローラーコンベヤがあり、パレット貨物を移動できるようになっている。通路数を少なく、作業者の移動距離を短くできる
回転（カルーセル式）ラック	水平式、あるいは垂直式に回転するラックで、多品種の軽量、小物の格納に向いている

★ 自動倉庫の導入 ➜➜➜➜➜

　自動倉庫とは荷棚が機械、コンピュータシステムと連動して入出庫、格納・保管を自動で行うことができる倉庫設備である。物流センターの吹き抜けスペースなどに設置すれば、多層階での貨物の出し入れが可能になる。段ボール箱単位、オリコン（通い箱）単位、パレット単位などでの格納・保管が可能で、複数の貨物を荷合わせして出荷することが可能なタイプのものもある。

　マテハン機器の導入に際しては、保管効率、荷役効率などをいかに向上させて物流コストを低減させていくかという視点が重視されている。

　近年は複数拠点の集約を効果的に進める過程で、効率化を推進できるマテハン機器を導入するという考え方が主流となっている。それまでの複数の中小規模拠点を大規模拠点に集約し、自動倉庫などのマテハン機器を導入することで処理能力や保管能力の向上を進め、稼働時間を短縮し、それによってセンター全体での作業効率を改善し、コスト削減につなげるのである。トータル在庫量の適正、物流コスト削減なども期待できるし、在庫管理も容易になる。

さらにいえば物流センターのシステム稼動に当たってピッキング時間を短縮する通路指示やスタッカークレーンの負荷を均等化する棚引き当てなどの作業効率を向上させるしくみを導入することでエネルギーロスの小さい環境にやさしいシステムを構築することも可能になる。

ちなみに自動倉庫スタッカークレーンでは貨物搬送用の荷台とメンテナンス用運転室が分離され、自動運転時には荷台だけの昇降が可能となっているものもある。

自動倉庫の導入で物流センター内の作業を高速化することにより、当日出荷の受け入れのタイムリミットをこれまで以上に延長することも可能になる。もちろん、当日出荷率が向上すれば庫内の滞留在庫量を削減できる。しかも同時に適正なかたちでの出荷量の増加の効果でトラックの積載率も上がることになる。自動倉庫の導入で保管効率の向上と高速で効率的な入出庫作業の推進が可能になるのである。

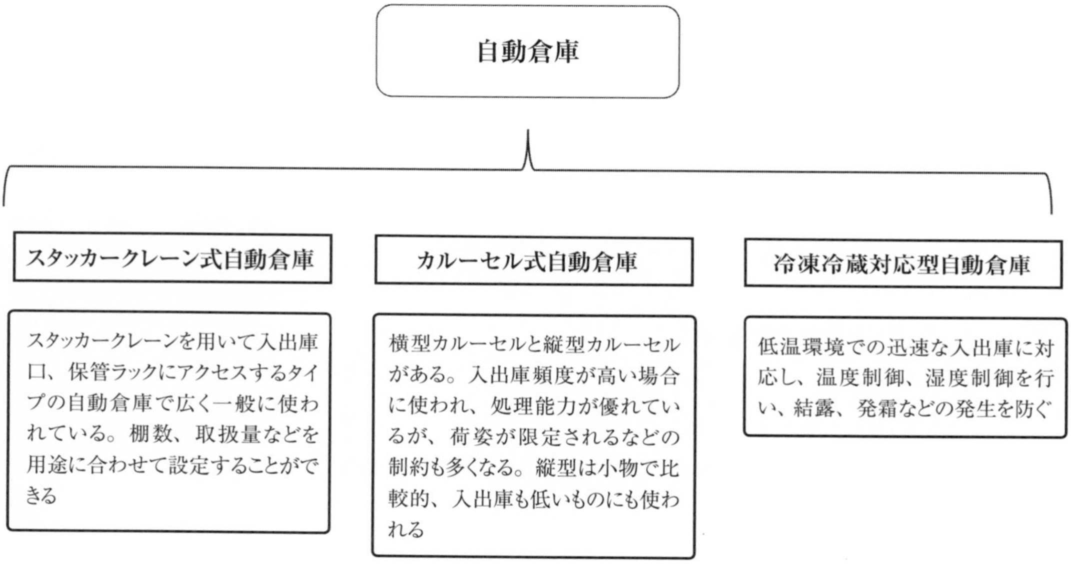

```
┌─────────────────┐
│     自動倉庫      │
└─────────────────┘
```

スタッカークレーン式自動倉庫	カルーセル式自動倉庫	冷凍冷蔵対応型自動倉庫
スタッカークレーンを用いて入出庫口、保管ラックにアクセスするタイプの自動倉庫で広く一般に使われている。棚数、取扱量などを用途に合わせて設定することができる	横型カルーセルと縦型カルーセルがある。入出庫頻度が高い場合に使われ、処理能力が優れているが、荷姿が限定されるなどの制約も多くなる。縦型は小物で比較的、入出庫も低いものにも使われる	低温環境での迅速な入出庫に対応し、温度制御、湿度制御を行い、結露、発霜などの発生を防ぐ

図 13-1　主な自動倉庫の種類と特徴

★ DPS の導入 ➜➜➜➜➜

ピッキング効率を上げることで物流センター全体の運営効率の向上も実現できる。

ピッキング施設にはデジタル表示機を使用するデジタルピッキングシステムや手押し台車などに情報端末を搭載し作業を行うピッキングカートなどがある。

物流センターのオペレーションにおけるピッキングの占める割合は高く、ピッキング

は物流センター業務のなかで最も労働集約的な機能といえる。

　ピッキング作業はピッキングリストをもとに庫内の指定された貨物を取り出す作業である。伝票やピッキングリストを見ながらの貨物の取り出し（ピックアップ）には時間や人手がかかるし、ミスが出ないともかぎらない。

　そこである程度のピッキング規模となれば考えなければならないのはDPS（デジタルピッキングシステム）の導入である。

　バーコード管理などを行っている貨物の保管されている棚にデジタル表示のランプが設置され、ピッキングに際しては、点滅などで指示を出す。作業者は、ランプ指示にしたがい、貨物と数量をピッキングする。

　DPSの導入は誤出荷の発生を抑える効果もある。誤出荷の主要因として、ピッキングミスや不正確な庫内作業、人手不足、作業時間不足などが考えられる。DPSの導入によってこれらを総合的、包括的に回避することが可能になる。

　DPSを導入しないでピッキング作業を行う場合、ピッキングリストを発行し、作業者がそのリストを見ながらピッキング作業を行うことになる。そのため、繁忙期など、多くの作業者、長い作業時間が必要な場合、熟練作業者などが不足すれば、ピッキングリストの読み取りミスが発生してしまうリスクが高まる。

　しかし、DPSを導入すればこうしたリスクを最小限に抑えることができる。ランプの点滅により指示が出るので、不正確なピッキングを可能な限り回避できることになるのである。作業手順も簡素化されているので、導入教育、新人教育などについても最小限のコストと時間で対応できる。

　ちなみにストック型のディストリビューションセンター（DC）向けなどにはオーダーピッキング（摘み取り式）対応のデジタルピッキングシステム（DPS）が進んでいる。

┌───┐
│ **デジタル式オーダーピッキングシステム** │
└───┘
・棚などに取りつけられたデジタル表示器の指示に従って、商品を摘み取っていく。少品種多量から多品種少量まで、幅広い用途に対応したシステムの構築が可能

┌───┐
│ **ピッキングカートン式オーダーピッキングシステム** │
└───┘
・台車に表示された指示に従って、棚から商品を摘み取って台車の各間口に仕分けする。ピッキング、検品、仕分けが同時に行える。複数オーダーを一度に処理することも可能

┌───┐
│ **デジタル式種まき式ピッキングシステム** │
└───┘
・棚などにつけられたデジタル表示器の指示で商品を種まき式にピッキングする。入荷した商品を即座に仕分けての出荷に対応できる

図 13-2　DPS の種類

★ピッキングスペースのレイアウト ➔➔➔➔➔

　ちなみにピッキング通路は可能ならば一方通行でレイアウトを行う。

　入荷ゾーン、入庫ライン、保管ゾーン、オーダーピッキング・ライン、出庫ライン、出荷ゾーンを合理的に配置するようにする。

　なお、フローラックを下段にして、その上方にケースラックをメザニン（中二階）として設備する方法もある。

　パレット単位で出庫するものは出庫ラインからフォークリフトで出庫し、ケースピッキングをし、パレットは出庫口で台車に移すようにする。

★DAS による仕分けを効率化 ➔➔➔➔➔

　ある程度以上の規模の物流センターでは仕分けにあたってソーター（自動仕分け機）が使われる。そして仕分け作業（種蒔き方式）対応のデジタルアソートシステム（DAS）が大型物流施設などには導入されている。DAS はデジタル表示器に仕分けする貨物をスキャンなどして、仕分け指示数を表示させ、作業を行う仕分けシステムである。

　DAS は出荷先ごとの仕分け作業を細かく行う場合などに多く使われる。仕分け棚の表示器が点灯したパネルに表示される個数の貨物を作業者が仕分けをする。仕分け作業

に際して仕分けリストをいちいち確認する手間を省くことができる。

DAS の導入数が増えているのには近年の物流事情が大きく関係している。

まず相次ぐ大型物流センターの建設が理由としてあげられる。天井高が 6m 前後が標準スペックに設定され、極端に天井の高い物流センターが減少傾向にある。そのため高層化された自動倉庫を導入し、その仕分け機能を活用するよりも、平均的な天井高で作業がしやすい DAS が好まれるようになったのである。自動倉庫よりも小回りがきくので多頻度小口の物流に柔軟に対応することが可能になる。

また大都市近郊などの大きな消費地を後背地とするロケーションには小売業関連のスルー（通過）型物流センターが多く建てられ、その結果、多頻度小口の貨物を迅速に仕分け、荷合わせして出荷する体制の構築が求められるようになった。すなわち、DAS の仕分け機能がこうしたトレンドに合致しているというわけである。

さらにいえば DAS を導入することで熟練作業者でなくても仕分け作業に従事し、しかも以前よりも少ない作業者数でこなすことができるようになる。誤仕分けなどのリスクも可能な限り低減できるのである。

★ ソーティングスペースのレイアウト ➜➜➜➜➜➜

ソーティングスペースのレイアウトに関しては、保管型倉庫と通過型倉庫ではレイアウトが異なる。一般に保管型センターでは、荷動きは少ないので搬送機は入出庫バースに隣接して設けられることが多くなる。これに対して通過型のセンターでは、荷動き、仕分け作業が多くなるために床面積の 30~50% を荷捌き場にする必要がある。

クロスドッキング対応型、無在庫型の場合は荷捌き場が全体のほとんどを占めることになる。

考　察

自動倉庫を導入するメリットとデメリット並びに近年の動向について考察しなさい。

第14章

日米欧のトラック運送業界の
課題解決の方向性

★ トラック運送業界の課題 ➔➔➔➔➔

　我が国のトラック運送業は物流・ロジスティクス領域の重要性が高まるなか、重要な役割を演じている。広い視点からトラック運送業界におけるさまざまな課題の背景を確認しておきたい。

　トラック輸送は、　我が国の国内貨物輸送量のトンベースで90％超を占めている。さらに近年は多頻度小口輸送をはじめ、冷凍・冷蔵輸送など、企業が高度なロジスティクス戦略を展開するうえの重要な役割を担っている。ただし産業構造の変化などに伴い、利用者の輸送サービスに対するニーズは高度化、多様化しているが、トラック輸送業界は産業の空洞化、　運賃下落、さらには少子高齢化の影響、軽油価格の値上げなどの高コスト要因、騒音問題、　環境規制の強化などの課題に直面している。トラック輸送業界を巡る環境が厳しい状況のなか、単純輸送型の従来の輸送方式の改善が求められているともいえる。

　貨物輸送にトラックが採用されたのは明治末期といわれている。しかし、実際にトラック輸送が貨物輸送の花形となったのは第二次世界大戦後のことである。

　現在の多くの企業の物流システムはトラック輸送を前提に構築されている。しかしトラック運送事業者の数は図1の示す通り、バブル期に4万社程度であったが、その後の規制緩和の流れの中で増加を続け、2000年代には6万社を超えるまでになった。ただし、その多くが中小事業者で近年は過当競争が続いている。そのため、運賃は低下し、経営的に窮地に追い込まれる中小企業も増えている。

　その反面、営業トラック業界の市場規模はこれまで拡大の一途をたどってきた。トラック輸送は面的な輸送に柔軟に対応できるという利点をもっている。そのため、物流拠点や店舗などへのアクセス性にも優れている。

　また、宅配便などのドア・ツー・ドアの輸配送にも欠かせない。ただし近年は地球環境にやさしい輸送を実現するという視点から鉄道輸送や海運に対する評価も高まっている。トラック輸送に鉄道や海運を組み合わせることで複合一貫輸送（モーダルシフト輸

送）を推進していく流れが加速してきているといえよう。

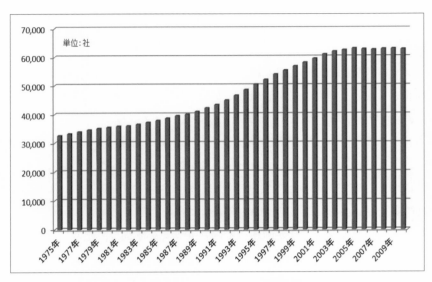

図 14-1　我が国におけるトラック運送事業者数の推移
出所：国土交通省資料

★ 欧州におけるトラック運賃規制の緩和 ➔➔➔➔➔➔

　市場統合が行われる以前の欧州には、道路貨物輸送市場において規制の比較的緩い国から厳しい国まで幅広く存在し、そのためユーロランド（ユーロ圏）の構築にあたり、域内に共通の物流政策が求められることとなった。たとえば貨物輸送料金・運賃について、オランダなどの物流先進国は比較的自由な料金・運賃政策を求めたが、人件費が高いドイツ、フランスからは厳しい規制政策が提唱された。

　欧州には鉄道網がくまなく張り巡らされているとはいえ、1970 年代以降は道路輸送が中心となっている。トラック輸送は EU 物流の 70% を占める存在となり、それゆえトラック運賃の自由化問題は EU 物流の未来にとって無視できないほど重大な問題となったのである。

　1992 年末の市場統合で EU 域内の国際輸送は大幅な規制緩和の必要に迫られることとなった。国内輸送から外国業者を排除しないカボタージュ輸送の自由化が推進され、同時にトラック運賃自由化の流れが加速してきた。

　戦後、EU の前身である欧州経済共同体（EEC）の設立当初は、域内の過当競争を防止する意味から「プラケット制度」が導入された。プラケット制度とは上限、下限の運賃をそれぞれ設定する「幅運賃制度」で、EEC の共通運輸政策として位置付けられ、加

盟国には強制的に義務付けられた。しかし、欧州統合の流れが加速するにつれてオランダなどの規制緩和推進派の声が共通運輸・物流政策にも色濃く反映され始めた。そしてこの流れを受けて、2国間にわたる道路輸送に際しては、「レファレンス制度」（参考運賃制度）が採用されることとなったのである。

レファレンス制度では輸送事業の諸費用を含めてのサービスをふまえ、物流企業の公正な利潤を考慮して道路輸送業者組合がレファレンス運賃案を作成するというものである。1980年代中期にはプラケット制度とレファレンス制度が並存していたが、1984年にベネルクスがレファレンス制度の完全採用を決定すると、1986年には新規加盟のスペイン、ポルトガルが加盟時にレファレンス制度を選択し、これを機にレファレンス制度が域内のスタンダードとして完全に定着した。さらに1989年には加盟国がプラケット制度の廃止とレファレンス制度の完全導入に合意した。

ただし、レファレンス制度が欧州におけるトラック運賃自由化の最終目標ではなかった。1994年以降、トラック運賃は完全自由化を目指していくことになった。そしてその結果、EU域内の運賃競争は激化の一途をたどり、トラック運賃は大幅な下落を見ることとなったのである。

★ EU におけるドライバーの勤務条件 ➜➜➜➜➜➜

EUはトラックドライバーの勤務時間、運転時間、休憩時間について、細かく規定が定められている点である。違反に対しては罰金が課される。

(1) EU 共通の勤務時間基準

勤務時間については、次の3点が定められている。なお、ここでいう勤務時間とは、運転、荷物の積み降ろし、車両の清掃・保全、運送業務に必要な手続きに要する作業、研修などにかかる時間を意味する。

① 1日あたりの勤務時間は原則8時間であり、最大で10時間を超えてはならない

② 2週間単位で計算した場合に、1週間あたり平均で48時間を超えてはならない

③ 夜間（午前0時から午前4時まで）にかかる勤務は、10時間を超えてはならない

(2) 休憩時間

休憩時間とは、体力回復のために作業の合間に休む時間を意味する。休憩時間については次のように定められている。

① 原則9時間／日であるが、1週間のうち2回まで、10時間に延長することができる

② 1 週間あたりの運転時間は 56 時間以内とする

③ 2 週間あたりの運転時間は 90 時間以内とする

ちなみに我が国においては、拘束時間の定めの中で休憩時間も定められている。

(3) 休息期間

休息期間が設けられているがこれは文字通り、長時間連続して休む時間を指している。休息時間については次のように定められている。

① 4.5 時間の運転につき、45 分間以上が必須

② 1 日あたりの休息期間は、原則 11 時間

なお、11 時間を連続しても分割しても構わない。

③ 1 週間あたりの休息期間は 45 時間以上

★ 米国におけるトラック運賃 ➜➜➜➜➜➜

米国ではトラック運賃に対する政府、行政による規制は存在せず、運賃は完全自由化されている。

特別積合せ業者については、運賃表（タリフ）を自社のホームページなどに公開している企業が多い。

大手積合わせ事業者は独自のタリフを作成し、頻繁に更新をしている。また中小規模の積合わせ事業者は共同でスタンダードタリフを作成し、連絡運賃を設定している。なおスタンダードタリフのよる連絡運賃は反トラスト法適用除外となっている。

ただし、大企業の独自のタリフもスタンダードタリフもあくまで目安であり、実際は貨物の流動状況などを考慮して、柔軟な対応が行われている。したがって、スタンダードタリフなどよりも大幅に低い運賃が設定されることも少なくない。

なお、米国の州際のトラック運送事業の参入は、登録制となっている。

★ 米国におけるドライバーの勤務条件 ➜➜➜➜➜➜

米国では、1 日あたりの最長運転時間は 11 時間、非勤務時間は 10 時間、合計勤務時間は 14 時間までとなっている。最長累積勤務時間は、7 日以内に 600 時間と設定されている。なお、連続 34 時間の非勤務休息をとれば、累積勤務時間を 0 時間に戻すことができる。

米国の運転時間であるがこれは EU の 8 時間に比べれば長いが、日本の 13 時間に比べれば短い。

　少子高齢化などでドライバー不足が指摘される我が国の現状を踏まえて考えると、欧米に比べて、長時間化しているドライバーの運転時間を短縮することは容易ではないともいえるが、よりヒューマンフレンドリーな環境でドライバーが業務に従事できるようにするためには今後、見直しを図る必要性があることは否定できない。

★ 我が国におけるトラック運賃 ➜➜➜➜➜

　我が国におけるトラック運賃を考えるにあたり、公益社団法人全日本トラック協会はトラック運送原価について、車両費、人件費、運行 3 費（燃料油脂費、修理費、タイヤ・チューブ費）に、一般管理費、営業外費用などを加えたコストとみなしている。運送原価の異なる車種ごとのコストを運行 3 費で把握するようにするのである。

★ 我が国におけるドライバーの勤務条件 ➜➜➜➜➜

　我が国では自動車運転者の労働の実態を考慮し、拘束時間、休息期間等について基準を定めている。

　拘束時間とは始業時刻から終業時刻までの時間で、労働時間と休憩時間（仮眠時間を含む）の合計時間　を指し、休息期間とは勤務と次の勤務の間の時間で、睡眠時間を含む労働者の生活時間として、労働者にとって　全く自由な時間」と定義されている。

　ちなみに我が国では 1 か月の拘束時間は原則として 293 時間が限度とされるが、毎月の拘束時間の限度を定める書面による労使協定を締結すれば、1 年のうち 6 ヶ月までは、年間拘束時間が 3516 時間を超えない範囲で、320 時間まで延長が可能となっている。

　なお、我が国における 1 日の拘束時間は 13 時間以内が基本となり、延長が認められる限度は 16 時間となっている。また我が国では 1 日の休息期間は継続 8 時間以上である。1 日の運転時間は 2 日（始業時刻から 48 時間）、平均で 9 時間が限度である。また、連続運転時間は 4 時間が限度で、運転開始後 4 時間以内、または 4 時間経過直後に運転を中断して 30 分以上の休憩等を確保するようにすることが求められている。

★ トラック運送業界の諸問題に関する比較 ➔➔➔➔➔➔

　以上を踏まえ、トラック運送業界の抱える諸問題についてまとめると次のようになる。

(1) 規制緩和

　日米欧ともに規制緩和が常識となっているが、欧米の場合、参入後の運送の質についてのチェックを厳しくする傾向がある。ただし、我が国の場合、トラック運送業界がその過激なトラック運賃の下落に耐えられない状況に陥っていることなども踏まえ、今後は参入障壁をやや高めに設定することが望ましいとの声もある。

(2) トラックドライバー管理

　日欧米ともにドライバー管理については配慮を強めている。とくに欧米の場合、ドライバーの体調管理についてより慎重な対応を行っている。

　欧米においても過当競争のためトラック運送業界における生き残りが熾烈となっている。

　もっとも欧米の場合は外国人労働者、陸続きの新興国などからドライバーを受け入れることができるため、我が国の近未来ほどの深刻感はない。ただし慢性的なドライバー不足は続いている。

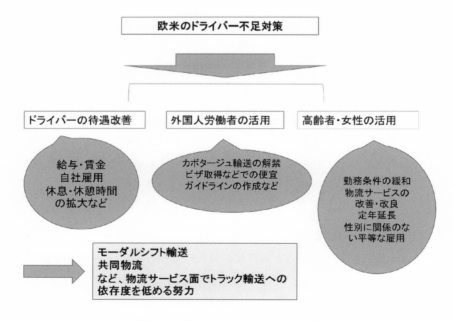

図 14-3　ドライバー不足への対応

3PL、求荷求車（帰り荷の確保）、拠点集約、共同物流、グリーン物流、モーダルシフト輸送の導入、国際物流強化などの物流改善・改革でトラック台数を減少させる方向性が顕著になっているが、これに対しては、図14-3に示すようにドライバー不足とのバランスを取りながら、合理的な減少を図るのはやむを得ないが、それにあわせてトラック運賃の下落に対する対策を打ち出すべきである。少子高齢化問題によるドライバー不足に対しては、外国人ドライバーの採用、無人運転へのインフラ整備が必要である。

　また、給与面での改善も不可欠となってくるが、その場合、当然ながら運賃に人件費を上乗せする必要が出てくる。その点を踏まえてトラック運賃について「ドライバーの人件費に影響を及ぼす恐れのあるかたちでの低運賃は認めない」という方針を国が強力に打ち出さなければならない。その模範例としてはEU主要国で唯一運賃について完全自由化を実施していないフランスが低運賃競争の回避を念頭に施行しているアクションディレクト法による「車両とドライバーにかかる経費」を考慮しない運賃設定を含む運送契約を禁止することが我が国のトラック運送業界の健全性を維持するためにも求められる。

(3) トラックドライバー教育の充実

　我が国においてドライバー不足が続けば、女性労働者や外国人労働者の積極採用を余儀なくされる。ただし、そうなるとこれまで以上に充実したドライバー教育体制の構築も求められる。

　公益社団法人全日本トラック協会では女性や若年層のドライバー候補がドライバー職に偏見を持たないように体験学習を重視し、法令遵守の徹底を励行している。たとえば佐川急便では同社ホームページによると、自社教習センターでの運転基礎研修を行い、さらに配属先営業所で単独運転を円滑にこなせるようになるまで指導社員の同乗実習が入念に行われるということである。単独運転開始後も1、3、6、12か月後などにフィードバックの添乗指導講習が行われているということである。このようにドライバー職を魅力ある職業として広く社会に認知させていくという姿勢が必要であることは明らかだろう。

(4) トラックドライバー対策としての無人化

　ドライバー教育を充実させると同時に次世代の運転技術についても長期的視野から本格導入の可能性についても検討しなければならない。たとえば無人化に対しては、すでに米国では軍用レベルでは大きな進展があり、戦車、ヘリコプター、戦闘機などでは無人化の技術が実用レベルに達している。

　ロジスティクスの領域でも無人航空機による配送ネットワークの構築が進んでいる

し、ドローンによる無人配送も始まっている。また東海道物流新幹線構想では無人化した貨物車による輸送を行う構想が進んでいる。いずれも有力なドライバー不足対策と位置付けられる。

★ まとめ ➜➜➜➜➜➜

　日米欧の基本的な方向性は参入障壁の緩和と運賃自由化の方向性を大きな接点としているが、参入後の検査体制の有無、あるいは充実度について各国に相違が見られる。我が国の場合は参入後の検査体制の欧米諸国並みの整備は大きな課題である。また、ドライバー不足についてはその背景の違いもあり、日米欧において対応も異なっている。我が国に求められる対応は、女性、及び外国人ドライバーの活用を本格的に推進し、同時に欧米諸国で進む無人化についても実用化の可能性を探ることである。

考　察

　日米欧におけるトラックドライバーの勤務条件について共通点と相違点をあげて考察しなさい。

第15章

ビジネスモデル事例研究：
安全・安心の視点からの水環境

　　最後にリスクマネジメントの視点から安全・安心の視点から水環境と関連するビジネスについて取り上げる。水と安全・安心の関係は我が国においてはたいへん深いものがある。

　　かつては「水と安全はタダ」などといわれたものだが、近年のビジネストレンドでは逆に「いかに水環境の充実、あるは回復を達成し、安全・安心な社会基盤としていくか」ということになる。安全安心のインフラとして、その象徴的な意味合いもある、

★ 宅配水事業による安全・安心の水インフラ構築 ➡➡➡➡➡

　　水道水を安心して飲める国は世界でも少ないという。EU 諸国でも水道から白濁水が出てくることも少なくない。

　　我が国の水道水のレベルは世界最高水準ともいえる。だがそれにもかかわらずさらに上質な飲料としての水を求める流れが大きくなっている。水資源の安全・安心については日本人は飽くなき探求心、向上心が見られるというわけである。

　　近年、我が国で注目度が大きくアップし、同時にいわば世界的には大きな流れとなりつつある水関連のビジネスにウォーターサーバーなどによる宅配水ビジネスがある。

　　水道水というしっかりとした社会インフラが存在しつつもウォーターサーバーに代表される宅配水ビジネスは安全・安心の流れの中で新しい水インフラとして存在感を増しつつあるのである。

　　宅配飲料水はビジネスオフィスだけに留まらず、医療施設などでも大きな需要がある。

　　ライフサイクルビジネスのステージについてヒューマンサポートチェーンは図 15-1 のように示すことができる。

　　このうち助産と葬儀を除いた、保育、看護、介護の各サイクルでは幼児、病人、高齢者など、ヒューマンサポートの対象者が健康面で十分なケアが必要とされることから、飲料水についての十分な配慮が求められることになる。

これまで看護領域の対象施設となる医療施設に宅配水を供給している飲料水メーカーは少なくなかったが、ここにきて介護領域や保育領域においてもウォーターサーバーの設置が大きなビジネストレンドとなりつつある。とくに近年、保育施設に関する関心が高まっているが、乳幼児を預かる保育園、幼稚園などの諸施設におけるウォーターサーバーの設置は今後、市場が大きく拡大していくことを見込まれている。これまでは保育業界は比較的、規模の小さい社会福祉法人が中心に運営されてきたがここにきての規制緩和で表1のように大企業も保育事業に参入、興味を示している。

　しかも保育園事業の大きなトレンドは安全・安心にある。「シックスポケット」（両親両祖父母）と呼ばれる保護者達からの手厚いケアで乳幼児たちは育てられている。安全・安心の徹底は今後、競争の激化する保育事業で高いレベルの保育を期待する裕福層の顧客（両親）を確保するうえでの必須の条件となっている。ウォーターサーバー、宅配水の確保で保育の質の向上も図れるという考え方だ。

図 15-1　ライフサイクルにおけるヒューマンサポートチェーン

「子どの飲み水にも強いこだわりを持つ家庭が多く、ウォーターサーバーの設置も保育園にとっては大きなアピール材料の一つといえる」という意見もよく聞かれる。

　もちろん、水道水は安全基準を十分にクリアしているわけで子どもや高齢者が飲んで健康被害などが発生するということはありえない。しかしそれにもかかわらず、近年は水道水は子どもに飲ませず、汲み置き、一夜置き、あるいはミネラルウォーターなどを与える親が増えている。すでに家庭にウォーターサーバーを設置し、子どもに日頃から飲ませているという親も多いようである。したがって、「水道水以上に安全・安心について配慮がされている」という考えから、保育園、病院、老人ホーム（介護施設）、ホスピスなどではウォーターサーバーの設置が好意的に受け取られているわけである。

表 15-1: 主な異業種大手企業の保育園事業参入

参入企業	解説
ベネッセ	通信添削、教育事業大手。保育事業に本格参入。同社系列の SNS「ウィメンズ・パーク」でヒューマンサポートビジネスを全面的に打ち出す
小学館	大手出版社。保育園を中心に託児ルーム、親子カフェなど乳幼児ビジネスに積極的に参入
JP ホールディングス（日本保育サービス）	東証一部上場企業。保育園、児童館、学童クラブを展開。安心安全を第一に思い出に残る施設を運営という方針
ニチイ学館	介護最大手だが、「ニチイキッズ」により保育事業にも参入
日能研	中学受験の進学塾大手名門。2013 年 4 月、学童保育「まなびわらべクラブ」を日能研西日暮里校および日能研センター南校にオープンし、事業参入

　もちろんウォーターサーバーの需要は家庭でも高まっている。卓上に置くことができるコンパクトなタイプの天然水専用冷水サーバーや多段階の温度設定などの新機能を搭載したウォーターサーバーなどのレンタルも見られる。

　さらにいえば宅配水事業を推進するにあたり、受注から販売、在庫にいたるまでの一元管理もクラウド型 ERP（統合基幹システム）を活用して構築している企業もある。。

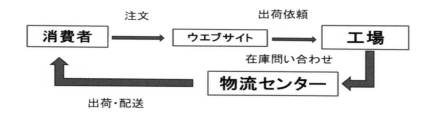

図 15-2　ウォーターサーバー宅配の基本スキーム

★水道水インフラの安全管理 ➔➔➔➔➔➔

　ウォーターサーバーによる宅配水ビジネスとインフラ作りが安全・安心の視点からマーケットを拡大する一方で、我が国においては水道水の安全・安心な環境もさらなるレベルアップを遂げている。

　一例をあげると、京都市上下水道局では災害用備蓄飲料水「京の水道　疏水物語」を販売、購入者へのケース単位での自宅配送を行っている。また、京都市上下水道局本庁

舎正面玄関前 , 琵琶湖疏水記念館、地下鉄京都駅地下通路の専用自動販売機などで 1 本単位で購入することもできる。

　京都市の水が飲料水として十分な安全・安心のもとに「おいしい水」と愛されている証しともいえる。京都市上下水道局のホームページによれば、「地震や災害直後は , 交通手段の途絶や交通渋滞により応急給水活動に時間がかかると予想されることをふまえて、各家庭で最低限の飲料水を確保することを願っているとのことである。

　実際、我が国の水道水は高レベルの水質管理の実践を長年に渡って行っている。

　その水質管理はしっかりとしたダム管理などにも象徴されている。

　たとえば、群馬県の桐生市水道局は、安全・安心な水道水の水質管理に戦後一貫して取り組んできた。水質対策施設として草木ダムに選択取水設備を設置し、足尾銅山の鉱毒の影響と考えられる銅、亜鉛の濃度を大きく下げることに成功した。

　草木ダムが建設された渡良瀬川は足尾銅山との関係から水質管理の徹底を迫られてきたという歴史がある。

　足尾銅山の歴史は江戸初期にさかのぼることができる。足尾銅山は幕府直轄の鉱山として 1684 年には 1500 トンの生産量を誇り、最盛期には算出する銅が江戸幕府による輸出量の 20% を占めるほどに発展した。しかしその後は生産量が落ち、19 世紀初頭には休止状態となってしまった。

　ところが明治時代になり、良質な鉱脈が相次いで発見され、再び息を吹き返すことになった。だが皮肉なことに新技術を導入して生産量が激増しはじめると周囲環境に異変が起き始めた。周囲の山林の荒廃が目立ち始め、渡良瀬川で大量の鮎が変死するという現象が発生した。しかも渡良瀬川沿岸に鉱毒被害が広がり始めた。

　そこで戦後、鉱毒対策に建設されたのが前述した草木ダムである。利根川水系の根本的治水計画が再検討され、建設されたのである。そして草木ダムの建設で渡良瀬川の水環境は蘇った。しっかりとしたダム施設が鉱毒被害を食い止め、渡良瀬川沿岸に安全・安心な水環境を回復させたのであった。

　鉱毒による水質悪化の環境を近代的なダムの建設により浄水に成功した渡良瀬川の事例は我が国の水道水が世界的には珍しい類いの「安心して飲める水である」ということの象徴的な事例ともいえよう。

　しかし、さきの保育事業におけるウォーターサーバー市場の拡大が示すように我が国の水資源の消費者はその安全である水道水よりもさらに上質の飲料としての水を求めているということになる。水管理についての高いレベルの安全・安心が今後も求められていくことは間違いないことといえよう。

　安全・安心の視点から考えた場合、いかに衛生的で成分的に問題のない高水準の水質を確保し、それを消費者に常時、供給するというスキームについて、水道水と宅配水に

ついてそれぞれ、考えられうる最高の品質レベルを達成することが社会基盤として求められているということが明らかである。水の環境、管理、供給システムをしっかりとさせることは、安全・安心の象徴的なタスクともいえるわけである。

　世界的に見ればそれほどの高レベルで水環境が維持、確保できる国は我が国を含めてもほんの一握りであるわけだが、従来は働き盛り世代のみを中心に水インフラの構築、活用が行われていたのに対して、少子高齢社会の到来にあわせて、乳幼児、高齢者、あるいは繊細で緻密な看護の要求される病人などに高水準の水インフラを提供すべく、水道水についてはダム施設、汚水処理施設などの充実によるさらなる高度化、宅配水についてはウォーターサーバーの設置と高水準の飲用水の綿密なサプライチェーンの構築と運営が望まれることになってきたわけである。

考　察

　水ビジネスにおけるリスクを列挙して、その対策を考察しなさい。

著者略歴

鈴 木　邦 成（すずきくにのり）

　日本大学教授。主な著書に『トコトンやさしい物流の本』（日刊工業新聞社）、
『C 言語プログラミング基礎演習ワークブック』（英光社）

物流・ロジスティクスの視点からのリスクマネジメント

2020 年 3 月 15 日　初版発行

著　者　鈴　木　邦　成

発行者　藤　平　英　一

〒162-0065 東京都新宿区住吉町8-9

発行所　開文社出版株式会社
TEL 03-3358-6288　FAX 03-3358-6287
URL　https://www.kaibunsha.co.jp/

ISBN 978-4-87571-766-9　C0063